Petits Classiques
LAROUSSE

Collection [illegible]
Agrégé des [illegible]

Quatre contes de princesses

Charles Perrault

La Belle au bois dormant
Cendrillon ou la Petite Pantoufle de vair

Jacob et Wilhelm Grimm

Blanche-Neige et les sept nains
Raiponce

Édition présentée,
annotée et commentée
par Frédéric de Scitivaux (Perrault), normalien,
agrégé de lettres modernes,
et Évelyne Amon (Grimm), certifiée de lettres modernes

Direction de la collection : Carine Girac-Marinier
Direction éditoriale : Claude Nimmo
Édition : Laurent Girerd
Lecture-correction : Joëlle Narjollet
Recherche iconographique : Valérie Perrin
Direction artistique : Uli Meindl
Couverture et maquette intérieure : Serge Cortesi, Sophie Rivoire, Uli Meindl, Marie-Noëlle Tilliette
Responsable de fabrication : Marlène Delbeken

ISBN : 978-2-03-587990-5

SOMMAIRE

Avant d'aborder l'œuvre

Quatre Contes de princesses

Pour approfondir

AVANT D'ABORDER L'ŒUVRE

Fiche d'identité de l'auteur

Charles Perrault

Nom : Charles Perrault.

Naissance : le 12 janvier 1628, à Paris.

Famille : d'après ses Mémoires, on sait que Perrault descendrait d'une famille originaire de Touraine, d'un milieu bourgeois de marchands. Pierre Perrault, le père de Charles, devient avocat au parlement de Paris, et se marie en 1608 avec Paquette Leclerc, qui lui donne sept enfants dont deux mourront précocement.

Formation : après ses études secondaires, Charles Perrault suit les cours de la faculté de droit à Paris (1644). Il devient avocat (1651), mais il ne plaide que deux fois et abandonne rapidement cette profession qui ne l'intéresse guère.

Carrière : en 1660, il publie deux poèmes de circonstance, l'*Ode sur la paix des Pyrénées* et l'*Ode sur le mariage du roi*, qui lui valent d'être remarqué par la Cour. En 1661 et jusqu'en 1683, il entre au service de Colbert, surintendant des Finances de Louis XIV. Il est nommé à l'Académie française (1671).

Œuvres : il écrit *Le Siècle de Louis le Grand* (1687), qui marque le départ de la principale querelle artistique et littéraire du XVIe siècle, celle des Anciens et des Modernes. Les deux adversaires principaux de cette querelle sont Perrault, qui défend l'idée de la modernité en art, et Boileau, qui défend l'imitation des thèmes et du style des Anciens, c'est-à-dire des auteurs et des artistes de l'Antiquité grecque et latine.
En 1697 sont publiés les *Contes de ma mère l'Oye*, attribués à l'époque à Pierre Perrault d'Armancour, le troisième fils de Charles Perrault. Le recueil obtient très vite un succès extraordinaire, qui ne s'est jamais démenti. À partir de 1700 environ, Perrault rédige ses Mémoires, qui ne seront publiés que longtemps après sa mort.

Mort : il meurt à 75 ans (le 16 mai 1703), à Paris.

Portrait de Charles Perrault,
gravure d'Étienne Baudet (1638-1711)
d'après Charles Le Brun (1619-1690).

Repères chronologiques

Vie et œuvre de Charles Perrault

1628
Naissance de Charles Perrault.

1636
Perrault entre au collège de Beauvais, à Paris.

1644
Après ses études secondaires, Charles Perrault suit les cours de la faculté de droit à Paris.

1646
L'Énéide burlesque.

1651
Charles Perrault devient avocat.

1654
Portrait d'Iris.

1660
Le Miroir ou la Métamorphose d'Orante ; *Dialogue de l'Amour et de l'Amitié* ; *Ode sur la paix des Pyrénées* ; *Ode sur le mariage du roi*.

1661
Perrault entre au service de Colbert, surintendant des Finances de Louis XIV.

1664
Ruine de Pierre Perrault, frère de Charles, qui met à mal le clan Perrault.

1668
Perrault est nommé premier commis des Bâtiments par Colbert.

Événements politiques et culturels

1637
Pierre Corneille, *Le Cid*.

1643
Mort de Louis XIII, début de la régence d'Anne d'Autriche.

1648
Traité de Westphalie. Fin de la guerre de Trente Ans.
Début de la Fronde.

1659
Traité des Pyrénées et fin de la guerre avec l'Espagne.

1661
Début du règne personnel de Louis XIV. Colbert devient ministre.
Début des travaux du château de Versailles.

1668
Molière, *L'Avare*.
La Fontaine, *Fables*.

1672
Début de la guerre contre la Hollande.

1674
Boileau, *Art poétique*.

1677
Racine, *Phèdre*.

Repères chronologiques

Vie et œuvre de Charles Perrault

1671
Perrault est nommé à l'Académie française.

1672
Perrault épouse Marie Guichon.

1678
Mort de Marie Guichon.

1687
Le Siècle de Louis le Grand.

1688-1697
Parallèle des Anciens et des Modernes.

1694
Peau d'Âne.

1696
La Belle au bois dormant.

1697
Publication des *Contes de ma mère l'Oye*.

1703
Mort de Charles Perrault.

Événements politiques et culturels

1678
Fin de la guerre avec la Hollande.

1683
Mariage de Louis XIV avec Madame de Maintenon.
Mort de Colbert.

1685
Révocation de l'édit de Nantes.

1688
Début de la guerre de la ligue d'Augsbourg.

1693-1694
Une terrible famine s'abat sur le pays.

1697
Fin de la guerre de la ligue d'Augsbourg.

1701-1714
Guerre de la Succession d'Espagne.

Fiche d'identité des auteurs

Les frères Grimm

Noms : Jacob et Wilhelm Grimm.

Naissance : Jacob naît le 4 janvier 1785, Wilhelm le 24 février 1786, à Hanau, en Allemagne.

Famille : huit enfants (Jacob et Wilhelm sont les aînés). Milieu protestant très attaché aux traditions. Le père, juge de paix, meurt en 1796 à l'âge de 45 ans.

Formation : excellente atmosphère familiale. Éducation classique avec un précepteur. En 1798, Jacob et Wilhelm sont pris en charge par une tante dévouée. Passion pour la lecture et l'étude. Lycée de Kassel. Jacob complimenté pour « ses magnifiques dons de l'esprit et son application incessante ». Wilhelm « suscite les plus grandes espérances ». Études de droit à 17 ans. Ferveur pour la poésie du passé et la langue allemande. Fréquentation des poètes Clemens Brentano et Achim von Arnim.

Premiers projets : bibliothécaires et chercheurs. Ils projettent d'écrire une histoire de la poésie allemande. Recueillent des contes à partir de 1806. Engagent une série de correspondants pour interroger la mémoire des gens.

Carrière et œuvres : recherche du génie allemand ; volonté d'un retour aux sources. En 1812, premier volume des *Contes d'enfants et du foyer* : critiques et louanges. 1816-1818 : *Légendes allemandes* (600 textes classés par thèmes). 1852 : premier volume du *Dictionnaire d'allemand*. 1819-1837 : *Grammaire allemande*, 4 000 pages (Jacob). 1835 : *Mythologie allemande* (Jacob). 1848 : *Histoire de la langue allemande* (Jacob). 1812-1857 : dix-sept éditions successives des *Contes* devenus un classique de la littérature contemporaine du vivant des auteurs. En 1840, Jacob et Wilhelm sont des professeurs célèbres et respectés. En 1841, ils sont élus membres de l'Académie des sciences de Berlin.

Mort : Wilhelm meurt à 73 ans (le 16 décembre 1859), Jacob à 78 ans (le 20 septembre 1863), à Berlin.

Portrait de Jacob et Wilhelm Grimm,
estampe.

Repères chronologiques

Vie et œuvre des frères Grimm

1785
Naissance de Jacob.

1786
Naissance de Wilhelm.

1796
Mort du père.

1798
Scolarité à Kassel.

1802-1803
Jacob puis Wilhelm, étudiants en droit à l'université de Marbourg.

1806
Les frères Grimm commencent à collecter des contes.

1808
Mort de la mère.

1812
Premier volume des *Contes d'enfants et du foyer*.

1815
Deuxième volume des *Contes d'enfants et du foyer*.

1816-1818
Légendes allemandes.

1819
Deuxième édition augmentée des *Contes*.
Premier volume de la *Grammaire allemande* (Jacob).

1822
Troisième volume des *Contes d'enfants et du foyer*.

Événements politiques et culturels

1789
Révolution française.

1797
Tieck, *Contes populaires* ; *Le Chat botté, conte de nourrice en trois actes*.

1801
Mort du poète romantique allemand Novalis.

1804
Couronnement de Napoléon.

1805
Mort du poète romantique allemand Schiller.
Beethoven, *Symphonie héroïque* (en l'honneur de Napoléon Bonaparte).
20 octobre : victoire de Napoléon à Ulm (Bavière).

1806
Victoire de Napoléon sur les Prussiens à Iéna.
Fin du Saint Empire romain germanique. François II de Habsbourg, empereur d'Autriche.
Achim von Arnim et Clemens Brentano (Allemagne), *Le Cor enchanté de l'enfant* (recueil de chants populaires allemands).

1807
Victoire de Napoléon sur les Russes à Eylau.
Fichte, *Discours à la nation allemande* (1807-1808).
9 juillet : second traité de Tilsit, la Prusse est réduite de moitié.
Jérôme, frère de Napoléon, est roi de Westphalie.

1808
Goethe, *Faust* (première partie).
Kleist, *Penthésilée* (drame).

Repères chronologiques

Vie et œuvre des frères Grimm

1826
Deuxième volume de la *Grammaire allemande* (Jacob).

1830
Université de Göttingen. Wilhelm bibliothécaire et Jacob professeur.

1831
Troisième volume de la *Grammaire allemande* (Jacob).

1835
Mythologie allemande (Jacob).

1837
Troisième édition des *Contes*.
Dernier volume de la *Grammaire allemande* (Jacob).

1838
Début de la rédaction du *Dictionnaire d'allemand*.

1848
Histoire de la langue allemande (Jacob).

1857
Dernière édition des *Contes*.

1859
16 décembre : mort de Wilhelm.

1862
Troisième volume du *Dictionnaire d'allemand*.

1863
20 septembre : mort de Jacob.

Événements politiques et culturels

1809
Batailles d'Essling et de Wagram.
Prise de Vienne par Napoléon.

1813
Madame de Staël, *De l'Allemagne* (essai).
Naissance de Richard Wagner.

1814
Abdication de Napoléon le 6 avril ; départ à l'île d'Elbe.

1815
Pacte de la Sainte-Alliance (Russie, Autriche, Prusse) contre les mouvements libéraux.
Retour de Napoléon (1er mai).
Défaite de Waterloo (18 juin).
Exil de Napoléon à Sainte-Hélène.

1816
E.T.A. Hoffmann, *Les Élixirs du diable*.

1826
Platen, *La Pantoufle de verre* (conte de fées sous forme de comédie).

1832
Mort de Goethe.

1843
Wagner, *Le Vaisseau fantôme* (opéra).

1848
Insurrections du « Printemps des peuples » à Berlin.

1849
Karl Marx expulsé d'Allemagne.

1871
Proclamation de l'Empire allemand.

Pour mieux lire l'œuvre

✣ Au temps de Charles Perrault

Le siècle de Louis XIV

Le XVIIe siècle marque en France un relatif retour au calme par rapport à la seconde partie du XVIe siècle où le pays était déchiré par de terribles guerres de Religion opposant les catholiques et les protestants jusqu'au sein de la famille royale. L'avènement d'Henri IV, issu du camp des protestants, mais qui se convertit au catholicisme, est la première étape du retour vers la paix. En 1598, l'édit de Nantes fixe les bases d'une cohabitation entre catholiques et protestants, sur le principe d'une tolérance mutuelle. En 1610, cependant, un fanatique catholique, Ravaillac, assassine le roi Henri IV. Louis XIII succède à Henri IV et s'appuie sur le cardinal de Richelieu pour gouverner.

La politique menée par Richelieu vise à renforcer le pouvoir royal, face à une aristocratie puissante et indisciplinée, et à le centraliser. En 1653, les mouvements de révolte des magistrats du parlement de Paris, soutenus par les grandes familles de la noblesse – on appelle cette révolte la Fronde –, sont définitivement vaincus. La seconde partie du siècle, marquée par le très long règne de Louis XIV (1643-1715), est essentiellement consacrée à renforcer l'organisation de l'administration du pays, dominée, pendant la première partie du règne (1661-1685), par le puissant ministre Colbert.

La France est alors le pays le plus peuplé d'Europe et le plus puissant. La grandeur du pays passe, selon Louis XIV, par une politique de conquêtes territoriales. Entre 1688 et 1714, la France est presque continûment en guerre, contre une coalition de la plupart des pays d'Europe (guerre de la ligue d'Augsbourg, 1688-1697) et contre l'Espagne (guerre de la Succession d'Espagne, 1701-1714). Le froid inhabituel des années 1708-1710 ainsi que la terrible famine de 1793-1794 entraînent une mortalité très importante.

Siècle de maladie et de misère pour la majorité du peuple, le XVIIe siècle est aussi un siècle de progrès pour l'autorité et la stabilité de l'État, pour la puissance et le rayonnement de la France à l'étranger et pour les progrès scientifiques et techniques. Avec Galilée et Descartes, la connaissance scientifique (physique, mathématiques, astronomie) permet des progrès considérables. Les arts, conçus par Louis XIV et son gouvernement comme un moyen du rayonnement de la monarchie absolue, connaissent une vitalité extraordinaire. La première moitié du siècle est traversée par un foisonnement de formes et de thèmes d'inspiration qu'on regroupe sous le terme de « baroque », tandis que sous le règne de Louis XIV, en particulier pendant les années 1661-1685, c'est l'esthétique dite classique qui prévaut. Le classicisme est une conception rationnelle et réfléchie de la création artistique, fondée sur l'idée qu'on peut atteindre la beauté et la réussite artistique par l'étude des modèles de l'Antiquité et le respect discipliné de règles éprouvées.

La fin du règne de Louis XIV (1685-1715) est marquée par une certaine rigidité morale. Louis XIV vieillit, la cour est devenue un lieu figé et sclérosé. Le roi et les courtisans sont enfermés dans un cérémonial pointilleux qu'on appelle l'étiquette. En 1685, Louis XIV révoque l'édit de Nantes et persécute les protestants. L'extraordinaire vitalité du début de règne s'essouffle. La fin du siècle, dominée en littérature par la querelle des Anciens et des Modernes, marque le début d'une évolution.

La querelle des Anciens et des Modernes

Au XVIe siècle, les auteurs français, à la suite des Italiens, ont redécouvert l'héritage culturel, artistique, littéraire de l'Antiquité. Les conceptions littéraires sont alors dominées par le sentiment de la supériorité des Anciens (auteurs antiques, grecs et latins). L'idéal esthétique du classicisme (1660-1680) est fondé, entre autres, sur le principe de l'imitation des modèles, réputés indépassables, de la littérature antique. La plupart des pièces de Racine,

par exemple, prennent comme sujet des récits mythologiques (*Andromaque*, *Iphigénie*, *Phèdre*) ou des événements de l'histoire romaine (*Britannicus*, *Bérénice*). Les préfaces dans lesquelles il présente ses pièces sont un éloge respectueux des textes antiques, latins ou grecs, sur les mêmes sujets.
À la fin du XVIIe siècle, une réaction se produit contre cette admiration du passé, et certains auteurs et théoriciens défendent une autre conception de la littérature, des modèles à imiter, et des sources auxquelles les écrivains s'abreuvent. C'est ce qu'on appelle la querelle des Anciens et des Modernes.
Cette querelle éclate le 27 janvier 1687. Pour célébrer la convalescence du roi, Charles Perrault lit, à l'Académie française, son poème intitulé *Le Siècle de Louis le Grand*, à la gloire du roi. Le texte développe l'idée contenue dans ces deux vers :

> « Que l'on peut comparer, sans crainte d'être injuste,
> Le siècle de Louis, au beau siècle d'Auguste. »

Deux camps se forment. Dans le camp des Anciens, on peut compter Ménage, Huet, Mme Dacier, La Fontaine, Racine, La Bruyère (écrivains dont l'œuvre est inspirée des modèles de l'Antiquité). Ces auteurs répliquèrent avec force à Perrault, en prônant la suprématie de la culture antique. Les modernes défendirent alors leurs positions en publiant plusieurs textes qui visaient à démontrer la supériorité des auteurs modernes, notamment Fontenelle avec la *Digression sur les Anciens et les Modernes* (1688) et Perrault, dans une série intitulée *Parallèle des Anciens et des Modernes*, constituée de quatre volumes publiés entre 1688 et 1697.
Une question essentielle domine le débat : celle du progrès en art. Les Anciens pensent que le progrès n'existe pas en art et que les auteurs de l'Antiquité ont tout inventé ; il ne reste plus qu'à essayer de faire aussi bien qu'eux en les étudiant soigneusement. La position des Modernes peut être résumée par ces deux propositions :
– La nature humaine n'a pas changé. Il n'y a donc aucune raison que les auteurs d'aujourd'hui ne puissent pas faire aussi bien que les

auteurs de l'Antiquité : « La nature a entre les mains une certaine pâte qui est toujours la même, qu'elle tourne et retourne sans cesse en mille façons, et dont elle forme les hommes, les animaux et les plantes ; et certainement, elle n'a point formé Platon, Démosthène ni Homère d'une argile plus fine ni mieux préparée que nos philosophes, nos orateurs et nos poètes d'aujourd'hui. » (Fontenelle, *Digression…*).

– Les auteurs modernes ont un avantage sur les auteurs anciens, ils ont intégré la sagesse et les connaissances des Anciens et peuvent donc naturellement les dépasser : « S'il plaisait au ciel de faire naître un homme qui eût un génie de la force de celui de Virgile, il est sûr qu'il ferait un plus beau poème que celui de *L'Énéide*, parce qu'il aurait, suivant ma supposition, autant de génie que Virgile, et qu'il aurait en même temps un plus grand amas de préceptes pour se conduire », écrit Perrault dans son *Parallèle des Anciens et des Modernes*.

Les *Contes* de Perrault dans la querelle

La publication des *Contes* par Perrault fait partie de son combat en faveur des Modernes. En effet, les contes sont des récits issus du folklore que l'on raconte dans les campagnes. Ce sont des histoires populaires, de style simple et naïf, qui illustrent bien les valeurs littéraires des Modernes, pour la simplicité et la douceur, contre l'académisme, la pédanterie et la rudesse que Perrault prêtait aux Anciens, en particulier à Boileau.

Les contes ont pour Perrault une valeur éducative. Souvent racontés par les nourrices aux enfants pour leur apprendre la vie, ils sont le symbole même d'une littérature populaire, plus proche du public, dans une langue familière, la langue française, par opposition à la langue latine, celle des doctes et des savants.

✣ Au temps des frères Grimm

Jacob et Wilhelm : deux frères, deux amis

Nés à treize mois d'intervalle, Jacob et Wilhelm Grimm ont vécu l'un près de l'autre pendant presque toute leur vie, attachés l'un à l'autre par un sentiment fraternel d'une force exceptionnelle. Leurs séparations, très rares, leur ont beaucoup pesé, comme en témoigne cette lettre de 1805 que Jacob, alors à Paris, écrit à Wilhelm : « Mon cher Wilhelm, nous ne nous quitterons jamais, et à supposer que l'on veuille envoyer l'un de nous quelque part, l'autre devrait aussitôt le refuser. Nous sommes désormais tellement habitués à cette communauté que la séparation pourrait m'apporter un chagrin mortel[1]. » Ce à quoi Jacob répond : « Ça a toujours été mon souhait, car je sens que personne ne m'aime autant que toi, et je t'aime sûrement tout autant[2]. » Le mariage tardif de Wilhelm ne rompra pas ce lien extraordinaire : ils travailleront ensemble toute leur vie et, la mort venue, ils seront enterrés côte à côte à Berlin.

Un projet commun : arracher les contes à l'oubli

Complémentaires (Jacob est un homme de science, Wilhelm est plus imaginatif), les deux inséparables se passionnent pour la langue allemande, les traditions, les vieilles légendes et les contes. Bibliothécaires de profession, ils passent des heures en quête de vieux manuscrits à recopier dans l'idée d'écrire, un jour, une histoire de la littérature allemande. Grâce à Savigny, un de leurs anciens professeurs, ils ont acquis une solide méthode scientifique qui les guide dans leurs recherches et, dès 1806, ils commencent à rassembler des contes avec le projet de les publier. Plus tard, dans leur

---

1. Cité dans *Jacob et Wilhelm Grimm, Il était une fois...*, de François Mathieu, Éditions du Jasmin, 2003.
2. François Mathieu, œuvre citée.

préface à la première édition des *Contes d'enfants et du foyer* (1812), ils expliqueront leur motivation : « Peut-être était-il justement temps de fixer ces contes, puisque ceux qui doivent les préserver deviennent de plus en plus rares [...] car la coutume de conter ne cesse de décliner. »

Une idée romantique : sauver la culture populaire

Jacob et Wilhelm ne sont ni les premiers, ni les seuls à s'intéresser aux contes. À la fin du XVIIe siècle, Charles Perrault a ouvert la voie en publiant ses *Contes de ma mère l'Oye*, rebaptisés *Histoires ou Contes du temps passé*, avec des moralités. Paru en France en 1697, ce recueil, bien connu des deux frères, est célèbre dans toute l'Europe. Mais, chez Jacob et Wilhelm, le projet de publier des contes répond à des priorités très particulières : il s'agit de retourner aux sources, de préserver les traditions, de définir l'identité de la nation allemande à partir de sa culture populaire, c'est-à-dire en explorant les œuvres conçues par le peuple et pour le peuple. Cette idée n'a rien d'original, elle est inspirée du romantisme, mouvement intellectuel et artistique dominant en Allemagne, de 1798 jusqu'au milieu des années 1830.

Une belle moisson de contes

Jacob et Wilhelm préfèrent la parole des conteurs aux textes car elle garantit un récit fidèle à la tradition orale. Pour mener à bien leur projet, ils mettent en place un réseau de correspondants chargés d'interroger la mémoire des gens et de noter mot à mot les histoires qu'on leur raconte. Résultat : une belle moisson de contes ! Parmi les conteuses, Dorothea Viehmann (1755-1815) fournira trente-sept histoires : « Elle les racontait posément, sans hésitation, avec une animation extraordinaire ; on voyait qu'elle y prenait un plaisir extrême ; quand on le lui demandait, elle répétait ses récits assez lentement pour qu'on pût les recueillir sous la dictée. Plusieurs de nos contes ont été conservés ainsi mot pour mot[1]. » Pour établir leur manuscrit, les frères Grimm travaillent avec méthode : si Jacob se concentre davantage sur la collecte des contes, Wilhelm trie, assemble et édite les textes avec le souci de rester le plus fidèle possible au récit oral d'origine.

Un classique de la littérature allemande

En 1812, le premier volume des *Contes d'enfants et du foyer* paraît pour Noël. Tiré à 900 exemplaires, il contient quatre-vingt-cinq contes et de nombreux commentaires : « Nous nous sommes efforcés de saisir ces contes dans toute leur pureté, là où c'était possible », expliquent les frères Grimm dans la préface. Cette fidélité leur vaudra des critiques, mais aussi des louanges : certains reprocheront la cruauté de certaines histoires, d'autres, comme Goethe, recommanderont la lecture de l'ouvrage aux enfants. En 1825, une édition de cinquante contes en un volume paraît, illustrée par un autre frère Grimm : Ludwig Emil. Elle contribuera largement à la popularité de l'œuvre auprès du jeune public.

Entre 1812 et 1857, dix-sept éditions des *Contes* vont se succéder, la dernière réunissant deux cents contes et dix légendes. Et, tout en publiant de remarquables études scientifiques sur la mythologie et la grammaire allemande, les frères Grimm continuent à travailler à leur recueil : ils ajoutent, éliminent, remanient sans cesse ; ils présentent des variantes, expliquent l'origine des contes et multiplient les comparaisons avec des versions étrangères. Contrairement à leurs principes, ils réécrivent certains textes, affichant un vrai souci du style, essayant d'harmoniser le ton du recueil et trahissant une tendance à moraliser… D'année en année, le recueil deviendra de plus en plus populaire jusqu'à s'imposer comme un classique de la littérature allemande, du vivant même des deux auteurs.

---

1. *Contes d'enfants et du foyer*, préface du second volume de la première édition (1815).

L'expression du patriotisme allemand

Le goût des frères Grimm pour la culture populaire et les traditions est renforcé par les événements politiques de l'époque : alors que Napoléon envahit l'Allemagne, la nation trouve son unité dans le violent sentiment anti-français qu'inspire l'occupation : « Ce furent les jours les plus cruels de ma vie que ceux où il me fallut voir un ennemi orgueilleux, sarcastique, pénétrer dans ma patrie[1] », confessera Jacob. Plus tard, évoquant sa mort, il affirmera encore son patriotisme : « Bientôt, l'herbe poussera au-dessus de ma tête. Si l'on pense encore à moi, je souhaite que l'on dise ce que je puis dire à mon sujet : de ma vie je n'ai rien aimé plus que ma patrie[2]. » Ciment du sentiment national chez les Allemands, la haine de l'occupant nourrit chez les compatriotes des frères Grimm un fort besoin de retour aux sources ; c'est dans la littérature, la langue et l'histoire allemandes, et notamment dans les *Contes d'enfants et du foyer*, qu'ils trouvent alors un réconfort, reconnaissant dans les personnages des contes la figure familière de leurs ancêtres et dans les décors les paysages aimés d'une Allemagne libre.

---

1. François Mathieu, œuvre citée.
2. François Mathieu, œuvre citée.

Frontispice des *Contes de ma mère l'Oye* de Charles Perrault,
gravure de J.-J. Grandville (1803-1847).

Quatre Contes de princesses

Charles Perrault

La Belle au bois dormant
Cendrillon ou la Petite Pantoufle de vair

Parus dans
Contes de ma mère l'Oye (1697)

Jacob et Wilhelm Grimm

Blanche-Neige et les sept nains
Raiponce

Parus dans
Contes d'enfants et du foyer (1812-1857)

L'ŒUVRE

« La Belle au bois dormant »,
lithographie de Claude Hirlemann
pour une édition de 1923.

La Belle au bois dormant

Charles Perrault

Il était une fois un roi et une reine, qui étaient si fâchés[1] de n'avoir point d'enfants, si fâchés qu'on ne saurait dire. Ils allèrent à toutes les eaux[2] du monde ; vœux[3], pèlerinages, menues dévotions[4], tout fut mis en œuvre, et rien n'y faisait. Enfin pourtant la reine devint grosse[5], et accoucha d'une fille : on fit un beau baptême ; on donna pour marraines à la petite princesse toutes les fées qu'on pût trouver dans le pays (il s'en trouva sept), afin que chacune d'elles, lui faisant un don, comme c'était la coutume des fées en ce temps-là, la princesse eût par ce moyen toutes les perfections imaginables. Après les cérémonies du baptême toute la compagnie revint au palais du roi, où il y avait un grand festin pour les fées. On mit devant chacune d'elles un couvert magnifique, avec un étui d'or massif, où il y avait une cuillère, une fourchette, et un couteau de fin or, garni de diamants et de rubis. Mais comme chacun prenait sa place à table, on vit entrer une vieille fée qu'on n'avait point

1. **Fâchés :** mécontents.
2. **Eaux :** sources thermales, supposées ici favoriser la naissance des enfants.
3. **Vœux :** prières.
4. **Menues dévotions :** pratiques religieuses accomplies en hommage aux saints.
5. **Grosse :** enceinte.

priée[1] parce qu'il y avait plus de cinquante ans qu'elle n'était sortie d'une tour et qu'on la croyait morte, ou enchantée[2]. Le roi lui fit donner un couvert, mais il n'y eut pas moyen de lui donner un étui d'or massif, comme aux autres, parce que l'on n'en avait fait faire que sept pour les sept fées. La vieille crut qu'on la méprisait, et grommela quelques menaces entre ses dents. Une des jeunes fées qui se trouva auprès d'elle l'entendit, et jugeant qu'elle pourrait donner quelque fâcheux[3] don à la petite princesse, alla dès qu'on fut sorti de table se cacher derrière la tapisserie[4], afin de parler la dernière, et de pouvoir réparer autant qu'il lui serait possible le mal que la vieille aurait fait. Cependant les fées commencèrent à faire leurs dons à la princesse. La plus jeune lui donna pour don qu'elle serait la plus belle personne du monde, celle d'après qu'elle aurait de l'esprit comme un ange, la troisième qu'elle aurait une grâce admirable à tout ce qu'elle ferait, la quatrième qu'elle danserait parfaitement bien, la cinquième qu'elle chanterait comme un rossignol, et la sixième qu'elle jouerait de toutes sortes d'instruments dans la dernière perfection[5]. Le rang[6] de la vieille fée étant venu, elle dit, en branlant la tête encore plus de dépit que de vieillesse, que la princesse se percerait la main d'un fuseau[7] et qu'elle

1. **Priée** : invitée.
2. **Enchantée** : ensorcelée.
3. **Fâcheux** : néfaste, négatif.
4. **Tapisserie** : les tapisseries étaient accrochées à une certaine distance des murs.
5. **Dans la dernière perfection** : avec la plus grande perfection, de la manière la plus parfaite possible.
6. **Rang** : tour.
7. **Fuseau** : morceau de bois effilé à ses deux extrémités autour duquel on enroulait la laine pour la filer.

en mourrait. Ce terrible don fit frémir toute la compagnie, et il n'y eut personne qui ne pleurât[1]. Dans ce moment la jeune fée sortit de derrière la tapisserie, et dit tout haut ces paroles :

« Rassurez-vous, roi et reine, votre fille n'en mourra pas ; il est vrai que je n'ai pas assez de puissance pour défaire entièrement ce que mon ancienne[2] a fait. La princesse se percera la main d'un fuseau ; mais au lieu d'en mourir, elle tombera seulement dans un profond sommeil qui durera cent ans, au bout desquels le fils d'un roi viendra la réveiller. » Le roi, pour tâcher d'éviter le malheur annoncé par la vieille, fit publier aussitôt un édit[3], par lequel il défendait à toutes personnes de filer au fuseau, ni d'avoir des fuseaux chez soi sur peine de la vie[4]. Au bout de quinze ou seize ans, le roi et la reine étant allés à une de leurs maisons de plaisance[5], il arriva que la jeune princesse courant un jour dans le château, et montant de chambre en chambre, alla jusqu'au haut d'un donjon dans un petit galetas[6], où une bonne vieille était seule à filer sa quenouille[7]. Cette bonne femme n'avait point ouï[8] parler des défenses que le roi avait faites de filer au fuseau.

1. **Il n'y eut personne qui ne pleurât :** tout le monde pleura.
2. **Ancienne :** aînée.
3. **Édit :** déclaration de loi.
4. **Sur peine de la vie :** sous peine d'être condamné à mort.
5. **Maisons de plaisance :** résidences où le roi et la reine pouvaient se reposer de leur devoir royal.
6. **Galetas :** grenier, mansarde sous les toits, pièce misérable.
7. **Quenouille :** bâton sur lequel est enroulée la laine avant qu'on la file, au moyen d'un rouet ou d'un fuseau.
8. **Ouï :** entendu.

« Que faites-vous là, ma bonne femme ? dit la princesse.

– Je file, ma belle enfant, lui répondit la vieille qui ne la connaissait pas.

– Ah ! que cela est joli, reprit la princesse, comment faites-vous ? Donnez-moi que je voie si j'en ferais bien autant. »

Elle n'eut pas plus tôt pris le fuseau que, comme elle était fort vive, un peu étourdie, et que d'ailleurs l'arrêt[1] des fées l'ordonnait ainsi, elle s'en perça la main, et tomba évanouie. La bonne vieille, bien embarrassée, crie au secours : on vient de tous côtés, on jette de l'eau au visage de la princesse, on la délace[2], on lui frappe dans les mains, on lui frotte les tempes avec de l'eau de la reine de Hongrie[3] ; mais rien ne la faisait revenir[4]. Alors le roi, qui était monté au bruit, se souvint de la prédiction des fées, et jugeant bien qu'il fallait que cela arrivât, puisque les fées l'avaient dit, fit mettre la princesse dans le plus bel appartement du palais, sur un lit en broderie d'or et d'argent. On eût dit d'un ange, tant elle était belle ; car son évanouissement n'avait pas ôté les couleurs vives de son teint : ses joues étaient incarnates[5], et ses lèvres comme du corail ; elle avait seulement les yeux fermés, mais on l'entendait respirer doucement, ce qui faisait voir qu'elle n'était pas morte. Le roi ordonna qu'on la laissât dormir en repos, jusqu'à ce

1. **Arrêt** : décision ferme.
2. **Délace** : on défait les lacets qui maintiennent son corset.
3. **Eau de la reine de Hongrie** : préparation à base d'alcool utilisée pour faire revenir une personne d'un évanouissement.
4. **Revenir** : reprendre conscience.
5. **Incarnates** : rouge vif.

que son heure de se réveiller fût venue. La bonne fée qui lui avait sauvé la vie, en la condamnant à dormir cent ans, était dans le royaume de Mataquin, à douze mille lieues[1] de là, lorsque l'accident arriva à la princesse ; mais elle en fut avertie en un instant par un petit nain, qui avait des bottes de sept lieues (c'était des bottes avec lesquelles on faisait sept lieues d'une seule enjambée). La fée partit aussitôt, et on la vit au bout d'une heure arriver dans un chariot tout de feu, traîné par des dragons. Le roi lui alla présenter la main à la descente du chariot. Elle approuva tout ce qu'il avait fait ; mais comme elle était grandement prévoyante, elle pensa que quand la princesse viendrait à se réveiller, elle serait bien embarrassée toute seule dans ce vieux château : voici ce qu'elle fit. Elle toucha de sa baguette tout ce qui était dans ce château (hors le roi et la reine), gouvernantes[2], filles d'honneur[3], femmes de chambre, gentilshommes, officiers[4], maîtres d'hôtel, cuisiniers, marmitons, galopins[5], gardes, suisses[6], pages, valets de pied[7] ; elle toucha aussi tous les chevaux qui étaient dans les écuries, avec les palefreniers, les gros mâtins[8] de basse-cour, et la petite Pouffe, petite chienne de la princesse, qui était auprès d'elle sur son lit. Dès qu'elle les eut touchés, ils s'endormirent tous, pour ne se réveiller qu'en même temps que leur maîtresse,

1. **Lieue :** ancienne mesure de distance d'environ quatre kilomètres.
2. **Gouvernantes :** femmes chargées du service d'une jeune fille.
3. **Filles d'honneur :** filles attachées au service d'une princesse.
4. **Officiers :** domestiques chargés de la table.
5. **Galopins :** jeunes garçons chargés de tâches subalternes à la cuisine.
6. **Suisses :** portiers.
7. **Valets de pied :** valets en livrée qui suivaient les grands personnages.
8. **Mâtins :** gros chiens de garde.

afin d'être tout prêts à la servir quand elle en aurait besoin ; les broches mêmes qui étaient au feu toutes pleines de perdrix et de faisans s'endormirent, et le feu aussi. Tout cela se fit en un moment ; les fées n'étaient pas longues à leur besogne. Alors le roi et la reine, après avoir baisé leur chère enfant sans qu'elle s'éveillât, sortirent du château, et firent publier des défenses à qui que ce soit d'en approcher. Ces défenses n'étaient pas nécessaires, car il crût[1] dans un quart d'heure tout autour du parc une si grande quantité de grands arbres et de petits, de ronces et d'épines entrelacées les unes dans les autres, que bête ni homme n'y aurait pu passer : en sorte qu'on ne voyait plus que le haut des tours du château, encore n'était-ce que de bien loin. On ne douta point que la fée n'eût encore fait là un tour de son métier, afin que la princesse, pendant qu'elle dormirait, n'eût rien à craindre des curieux.

Au bout de cent ans, le fils du roi qui régnait alors, et qui était d'une autre famille que la princesse endormie, étant allé à la chasse de ce côté-là, demanda ce que c'était que des tours qu'il voyait au-dessus d'un grand bois fort épais ; chacun lui répondit selon qu'il en avait ouï parler[2]. Les uns disaient que c'était un vieux château où il revenait des esprits ; les autres que tous les sorciers de la contrée y faisaient leur sabbat[3]. La plus commune opinion était qu'un ogre y demeurait, et que là il emportait tous les enfants qu'il pouvait attraper, pour les pouvoir manger à son

1. **Crût (du verbe « croître ») :** poussa.
2. **Chacun lui répondit selon qu'il en avait ouï parler :** chacun lui répéta ce qu'il avait entendu dire à ce sujet.
3. **Sabbat :** assemblée nocturne de sorciers.

aise, et sans qu'on le pût suivre, ayant seul le pouvoir de se faire un passage au travers du bois. Le prince ne savait qu'en croire, lorsqu'un vieux paysan prit la parole, et lui dit :

« Mon prince, il y a plus de cinquante ans que j'ai ouï dire à mon père qu'il y avait dans ce château une princesse, la plus belle du monde ; qu'elle y devait dormir cent ans, et qu'elle serait réveillée par le fils d'un roi, à qui elle était réservée. »

Le jeune prince, à ce discours, se sentit tout de feu ; il crut sans balancer[1] qu'il mettrait fin à une si belle aventure ; et poussé par l'amour et par la gloire, il résolut de voir sur-le-champ ce qui en était. À peine s'avança-t-il vers le bois, que tous ces grands arbres, ces ronces et ces épines s'écartèrent d'elles-mêmes pour le laisser passer : il marche vers le château qu'il voyait au bout d'une grande avenue[2] où il entra, et ce qui le surprit un peu, il vit que personne de ses gens[3] ne l'avait pu suivre, parce que les arbres s'étaient rapprochés dès qu'il avait été passé. Il ne laissa pas de[4] continuer son chemin : un prince jeune et amoureux est toujours vaillant. Il entra dans une grande avant-cour où tout ce qu'il vit d'abord était capable de le glacer de crainte : c'était un silence affreux, l'image de la mort s'y présentait partout, et ce n'était que des corps étendus d'hommes et d'animaux, qui paraissaient morts. Il reconnut pourtant bien au nez bourgeonné et à la face vermeille[5] des suisses, qu'ils

1. **Balancer :** hésiter.
2. **Avenue :** passage, voie d'accès. Ici, allée.
3. **Ses gens :** l'ensemble de ses domestiques.
4. **Ne laissa pas de :** ne manqua pas de.
5. **Vermeille :** d'un rouge vif et léger.

n'étaient qu'endormis, et leurs tasses où il y avait encore quelques gouttes de vin montraient assez qu'ils s'étaient endormis en buvant. Il passe une grande cour pavée de marbre, il monte l'escalier, il entre dans la salle des gardes qui étaient rangés en haie, la carabine sur l'épaule, et ronflant de leur mieux. Il traverse plusieurs chambres pleines de gentilshommes et de dames, dormant tous, les uns debout, les autres assis ; il entre dans une chambre toute dorée, et il vit sur un lit, dont les rideaux étaient ouverts de tous côtés, le plus beau spectacle qu'il eût jamais vu : une princesse qui paraissait avoir quinze ou seize ans, et dont l'éclat resplendissant avait quelque chose de lumineux et de divin. Il s'approcha en tremblant et en admirant, et se mit à genoux auprès d'elle. Alors comme la fin de l'enchantement était venue, la princesse s'éveilla ; et le regardant avec des yeux plus tendres qu'une première vue ne semblait le permettre :

« Est-ce vous, mon prince ? lui dit-elle, vous vous êtes bien fait attendre. »

Le prince, charmé de ces paroles, et plus encore de la manière dont elles étaient dites, ne savait comment lui témoigner sa joie et sa reconnaissance ; il l'assura qu'il l'aimait plus que lui-même. Ses discours furent mal rangés[1], ils en plurent davantage ; peu d'éloquence[2], beaucoup d'amour. Il était plus embarrassé qu'elle, et l'on ne doit pas s'en étonner ; elle avait eu le temps de songer à ce qu'elle aurait à lui dire, car il y a apparence (l'histoire n'en dit pourtant rien) que la bonne fée, pendant un si long sommeil, lui avait

1. **Mal rangés :** désordonnés et spontanés.
2. **Éloquence :** art de bien parler.

procuré le plaisir des songes agréables. Enfin il y avait quatre heures qu'ils se parlaient, et ils ne s'étaient pas encore dit la moitié des choses qu'ils avaient à se dire.

Cependant tout le palais s'était réveillé avec la princesse ; chacun songeait à faire sa charge[1], et comme ils n'étaient pas tous amoureux, ils mouraient de faim ; la dame d'honneur, pressée comme les autres, s'impatienta, et dit tout haut à la princesse que la viande[2] était servie. Le prince aida à la princesse[3] à se lever ; elle était tout habillée et fort magnifiquement ; mais il se garda bien de lui dire qu'elle était habillée comme ma mère-grand, et qu'elle avait un collet monté[4] ; elle n'en était pas moins belle. Ils passèrent dans un salon de miroirs, et y soupèrent, servis par les officiers de la princesse ; les violons et les hautbois jouèrent de vieilles pièces, mais excellentes, quoiqu'il y eût près de cent ans qu'on ne les jouât plus ; et après souper, sans perdre de temps, le grand aumônier les maria dans la chapelle du château, et la dame d'honneur leur tira le rideau[5] : ils dormirent peu, la princesse n'en avait pas grand besoin, et le prince la quitta dès le matin pour retourner à la ville, où son père devait être en peine de lui. Le prince lui dit qu'en chassant il s'était perdu dans la forêt, et qu'il avait couché dans la hutte d'un charbonnier, qui lui avait fait manger du pain noir et du fromage. Le roi son père, qui était bon

1. **Faire sa charge :** remplir sa fonction, faire son travail.
2. **Viande :** nourriture.
3. **Aida à la princesse :** aida la princesse (construction ancienne).
4. **Collet monté :** col montant en dentelle, déjà passé de mode à la fin du XVIIe siècle, au moment où Perrault écrivit ses contes.
5. **Tira le rideau :** ferma le rideau qui entourait le lit.

homme, le crut, mais sa mère n'en fut pas bien persuadée, et voyant qu'il allait presque tous les jours à la chasse, et qu'il avait toujours une raison en main pour s'excuser, quand il avait couché deux ou trois nuits dehors, elle ne douta plus qu'il n'eût quelque amourette : car il vécut avec la princesse plus de deux ans entiers, et en eut deux enfants, dont le premier, qui fut une fille, fut nommée l'Aurore, et le second un fils, qu'on nomma le Jour, parce qu'il paraissait encore plus beau que sa sœur. La reine dit plusieurs fois à son fils, pour le faire expliquer[1], qu'il fallait se contenter dans la vie, mais il n'osa jamais se fier[2] à elle de son secret ; il la craignait quoiqu'il l'aimât, car elle était de race ogresse, et le roi ne l'avait épousée qu'à cause de ses grands biens ; on disait même tout bas à la cour qu'elle avait les inclinations des ogres, et qu'en voyant passer de petits enfants, elle avait toutes les peines du monde à se retenir de se jeter sur eux ; ainsi le prince ne voulut jamais rien dire. Mais quand le roi fut mort, ce qui arriva au bout de deux ans, et qu'il se vit le maître, il déclara publiquement son mariage, et alla en grande cérémonie quérir[3] la reine sa femme dans son château. On lui fit une entrée[4] magnifique dans la ville capitale, où elle entra au milieu de ses deux enfants. Quelque temps après le roi alla faire la guerre à l'empereur Cantalabutte son voisin. Il laissa la régence du royaume à la reine sa mère, et lui recommanda fort sa femme et ses enfants : il devait être à la guerre

1. **Pour le faire expliquer :** pour obtenir une explication de sa part.
2. **Se fier :** se confier.
3. **Quérir :** chercher.
4. **Entrée :** cérémonie par laquelle on célébrait l'arrivée d'une personne de haut rang.

tout l'été, et dès qu'il fut parti, la reine mère envoya sa bru[1] et ses enfants à une maison de campagne dans les bois, pour pouvoir plus aisément assouvir son horrible envie. Elle y alla quelques jours après, et dit un soir à son maître d'hôtel :

« Je veux manger demain à mon dîner la petite Aurore.

– Ah ! Madame ! dit le maître d'hôtel.

– Je le veux, dit la reine (et elle le dit d'un ton d'ogresse qui a envie de manger de la chair fraîche), et je la veux manger à la sauce Robert[2]. »

Ce pauvre homme, voyant bien qu'il ne fallait pas se jouer à[3] une ogresse, prit son grand couteau, et monta à la chambre de la petite Aurore : elle avait pour lors quatre ans, et vint en sautant et en riant se jeter à son col[4], et lui demander du bonbon. Il se mit à pleurer, le couteau lui tomba des mains, et il alla dans la basse-cour couper la gorge à un petit agneau, et lui fit une si bonne sauce que sa maîtresse l'assura qu'elle n'avait jamais rien mangé de si bon. Il avait emporté en même temps la petite Aurore, et l'avait donnée à sa femme pour la cacher dans le logement qu'elle avait au fond de la basse-cour. Huit jours après la méchante reine dit à son maître d'hôtel :

« Je veux manger à mon souper le petit Jour. » Il ne répliqua pas, résolu de la tromper comme l'autre fois ; il alla chercher le petit Jour, et le trouva avec un petit

1. **Bru :** belle-fille, femme du fils.
2. **Sauce Robert :** sauce composée de moutarde et d'oignons.
3. **Se jouer à :** tenir tête à.
4. **Col :** cou.

fleuret[1] à la main, dont il faisait des armes[2] avec un gros singe ; il n'avait pourtant que trois ans. Il le porta à sa femme qui le cacha avec la petite Aurore, et donna à la place du petit Jour un petit chevreau fort tendre, que l'ogresse trouva admirablement bon.

Cela était fort bien allé jusque-là ; mais un soir cette méchante reine dit au maître d'hôtel :

« Je veux manger la reine à la même sauce que ses enfants. » Ce fut alors que le pauvre maître d'hôtel désespéra de la pouvoir encore tromper. La jeune reine avait vingt ans passés, sans compter les cent ans qu'elle avait dormi : sa peau était un peu dure, quoique belle et blanche ; et le moyen de trouver dans la ménagerie[3] une bête aussi dure que cela ? Il prit la résolution, pour sauver sa vie, de couper la gorge à la reine, et monta dans sa chambre, dans l'intention de n'en pas faire à deux fois[4] ; il s'excitait à la fureur, et entra le poignard à la main dans la chambre de la jeune reine. Il ne voulut pourtant point la surprendre, et il lui dit avec beaucoup de respect l'ordre qu'il avait reçu de la reine mère.

« Faites votre devoir, lui dit-elle, en lui tendant le col ; exécutez l'ordre qu'on vous a donné ; j'irai revoir mes enfants, mes pauvres enfants que j'ai tant aimés » ; car elle les croyait morts depuis qu'on les avait enlevés sans lui rien dire.

1. **Fleuret :** fine épée à section carrée, terminée par une pointe garnie de peau et destinée à s'exercer à l'escrime.
2. **Faisait des armes :** s'entraînait à l'escrime.
3. **Ménagerie :** bâtiments dépendant d'un château ou d'une maison et abritant les animaux de la basse-cour et de l'étable.
4. **N'en pas faire à deux fois :** ne pas s'y reprendre à deux fois.

– Non, non, Madame, lui répondit le pauvre maître d'hôtel tout attendri, vous ne mourrez point, et vous ne laisserez pas d'aller revoir vos chers enfants, mais ce sera chez moi où je les ai cachés, et je tromperai encore la reine, en lui faisant manger une jeune biche en votre place. » Il la mena aussitôt à sa chambre, où la laissant embrasser ses enfants et pleurer avec eux, il alla accommoder[1] une biche, que la reine mangea à son souper, avec le même appétit que si c'eût été la jeune reine. Elle était bien contente de sa cruauté, et elle se préparait à dire au roi, à son retour, que les loups enragés avaient mangé la reine sa femme et ses deux enfants.

Un soir qu'elle rôdait à son ordinaire dans les cours et basses-cours du château pour y halener[2] quelque viande fraîche, elle entendit dans une salle basse le petit Jour qui pleurait, parce que la reine sa mère le voulait faire fouetter, à cause qu'il avait été méchant, et elle entendit aussi la petite Aurore qui demandait pardon pour son frère. L'ogresse reconnut la voix de la reine et de ses enfants, et furieuse d'avoir été trompée, elle commanda dès le lendemain au matin, avec une voix épouvantable qui faisait trembler tout le monde, qu'on apportât au milieu de la cour une grande cuve, qu'elle fit remplir de crapauds, de vipères, de couleuvres et de serpents, pour y faire jeter la reine et ses enfants, le maître d'hôtel, sa femme et sa servante : elle avait donné ordre de les amener les mains liées derrière le dos. Ils étaient là, et les bourreaux se préparaient à les jeter dans la cuve, lorsque

1. **Accommoder** : préparer pour le repas, cuisiner.
2. **Halener** : flairer (pour un chien).

le roi, qu'on n'attendait pas si tôt, entra dans la cour à cheval ; il était venu en poste[1], et demanda tout étonné[2] ce que voulait dire cet horrible spectacle ; personne n'osait l'en instruire, quand l'ogresse, enragée de voir ce qu'elle voyait, se jeta elle-même la tête la première dans la cuve, et fut dévorée en un instant par les vilaines bêtes qu'elle y avait fait mettre. Le roi ne laissa pas d'en être fâché : elle était sa mère ; mais il s'en consola bientôt avec sa belle femme et ses enfants.

« La Belle au bois dormant », peinture sur verre.
Plaque de lanterne magique (fin du XIXe siècle).

1. **Poste :** voiture à chevaux.
2. **Étonné :** frappé d'une émotion violente ; ici, épouvanté.

Moralité

Attendre quelque temps pour avoir un époux,
Riche, bien fait, galant et doux,
La chose est assez naturelle,
Mais l'attendre cent ans, et toujours en dormant,
On ne trouve plus de femelle[1]
Qui dormît si tranquillement.

La fable[2] *semble encor vouloir nous faire entendre,*
Que souvent de l'hymen[3] *les agréables nœuds*[4]*,*
Pour être différés, n'en sont pas moins heureux,
Et qu'on ne perd rien pour attendre ;
Mais le sexe[5] *avec tant d'ardeur,*
Aspire à la foi conjugale,
Que je n'ai pas la force ni le cœur[6]*,*
De lui prêcher cette morale.

1. **Femelle :** femme.
2. **Fable :** récit imaginaire, histoire.
3. **Hymen :** mariage.
4. **Nœuds :** liens, engagements.
5. **Le sexe :** le beau sexe, c'est-à-dire les femmes.
6. **Cœur :** courage.

« Cendrillon »,
chromolithographie de Frédéric Lix (1830-1897)
d'après Adolphe Guillon (1829-1896).

Cendrillon ou la Petite Pantoufle de vair

Charles Perrault

Il était une fois un gentilhomme[1] qui épousa en secondes noces une femme, la plus hautaine et la plus fière qu'on eût jamais vue. Elle avait deux filles de son humeur[2] et qui lui ressemblaient en toutes choses. Le mari avait de son côté une jeune fille, mais d'une douceur et d'une bonté sans exemple ; elle tenait cela de sa mère, qui était la meilleure personne du monde. Les noces ne furent pas plus tôt faites, que la belle-mère fit éclater sa mauvaise humeur ; elle ne put souffrir[3] les bonnes qualités de cette jeune enfant, qui rendaient ses filles encore plus haïssables. Elle la chargea des plus viles occupations[4] de la maison : c'était elle qui nettoyait la vaisselle et les montées[5], qui frottait la chambre de Madame, et celles de Mesdemoiselles ses filles ; elle couchait tout au haut de la maison, dans un grenier, sur une méchante paillasse[6], pendant que ses sœurs

---

1. **Gentilhomme :** homme appartenant à la noblesse.
2. **De son humeur :** ayant le même caractère qu'elle.
3. **Souffrir :** endurer, supporter.
4. **Viles occupations :** basses besognes.
5. **Montées :** escaliers.
6. **Une méchante paillasse :** une paillasse miteuse.

étaient dans des chambres parquetées[1], où elles avaient des lits des plus à la mode, et des miroirs où elles se voyaient depuis les pieds jusqu'à la tête. La pauvre fille souffrait tout avec patience, et n'osait s'en plaindre à son père qui l'aurait grondée, parce que sa femme le gouvernait entièrement. Lorsqu'elle avait fait son ouvrage, elle s'allait mettre au coin de la cheminée, et s'asseoir dans les cendres, ce qui faisait qu'on l'appelait communément dans le logis Cucendron. La cadette, qui n'était pas si malhonnête[2] que son aînée, l'appelait Cendrillon ; cependant Cendrillon, avec ses méchants habits, ne laissait pas d'être cent fois plus belle[3] que ses sœurs, quoique vêtues très magnifiquement.

Il arriva que le fils du roi donnât un bal, et qu'il en priât[4] toutes les personnes de qualité[5] : nos deux demoiselles en furent aussi priées, car elles faisaient grande figure[6] dans le pays. Les voilà bien aises[7] et bien occupées à choisir les habits et les coiffures qui leur siéraient le mieux[8] ; nouvelle peine pour Cendrillon, car c'était elle qui repassait le linge de ses sœurs et qui godronnait[9] leurs manchettes. On ne parlait que de la manière dont on s'habillerait.

1. **Parquetées :** recouvertes de parquet.
2. **Malhonnête :** mauvaise.
3. **Ne laissait pas d'être cent fois plus belle :** était cent fois plus belle.
4. **Priât :** invitât.
5. **De qualité :** de naissance noble.
6. **Elles faisaient grande figure :** elles étaient considérées comme des personnes importantes.
7. **Aises :** contentes.
8. **Qui leur siéraient le mieux :** qui leur iraient le mieux.
9. **Godronnait :** ornait de plis.

« Moi, dit l'aînée, je mettrai mon habit de velours rouge et ma garniture d'Angleterre[1].

– Moi, dit la cadette, je n'aurai que ma jupe ordinaire ; mais en récompense[2], je mettrai mon manteau à fleurs d'or, et ma barrière de diamants[3], qui n'est pas des plus indifférentes[4]. »

On envoya quérir[5] la bonne coiffeuse[6], pour dresser les cornettes à deux rangs[7], et on fit acheter des mouches[8] de la bonne faiseuse[9] : elles appelèrent Cendrillon pour lui demander son avis, car elle avait le goût bon. Cendrillon les conseilla le mieux du monde, et s'offrit même à les coiffer ; ce qu'elles voulurent bien. En les coiffant, elles lui disaient :

« Cendrillon, serais-tu bien aise d'aller au bal ?

– Hélas, Mesdemoiselles, vous vous moquez de moi, ce n'est pas là ce qu'il me faut.

– Tu as raison, on rirait bien si on voyait un cucendron aller au bal. »

Une autre que Cendrillon les aurait coiffées de travers ; mais elle était bonne, et elle les coiffa parfaitement bien. Elles furent près de deux jours sans manger, tant elles étaient transportées de joie. On

---

1. **Garniture d'Angleterre** : parure de fine dentelle.
2. **En récompense** : en compensation.
3. **Barrière de diamants** : sorte de grosse broche sertie de diamants, de forme allongée, comme une barrette.
4. **Qui n'est pas des plus indifférentes** : litote signifiant « qui est très belle ».
5. **On envoya quérir** : on envoya chercher.
6. **La bonne coiffeuse** : une bonne coiffeuse.
7. **Cornettes à deux rangs** : coiffes féminines en tissu dont les extrémités évoquent une paire de cornes.
8. **Mouches** : petits morceaux ronds de tissu noir que les femmes appliquaient sur leur visage pour faire ressortir la blancheur de leur peau.
9. **La bonne faiseuse** : une bonne couturière.

rompit plus de douze lacets[1] à force de les serrer pour leur rendre la taille plus menue, et elles étaient toujours devant leur miroir. Enfin l'heureux jour arriva, on partit, et Cendrillon les suivit des yeux le plus longtemps qu'elle put ; lorsqu'elle ne les vit plus, elle se mit à pleurer. Sa marraine, qui la vit tout en pleurs, lui demanda ce qu'elle avait.

« Je voudrais bien... je voudrais bien... »

Elle pleurait si fort qu'elle ne put achever. Sa marraine, qui était fée, lui dit :

« Tu voudrais bien aller au bal, n'est-ce pas ?

– Hélas oui, dit Cendrillon en soupirant.

– Eh bien, seras-tu bonne fille ? dit sa marraine, je t'y ferai aller. »

Elle la mena dans sa chambre, et lui dit :

« Va dans le jardin et apporte-moi une citrouille. »

Cendrillon alla aussitôt cueillir la plus belle qu'elle put trouver, et la porta à sa marraine, ne pouvant deviner comment cette citrouille la pourrait faire aller au bal. Sa marraine la creusa, et n'ayant laissé que l'écorce, la frappa de sa baguette, et la citrouille fut aussitôt changée en un beau carrosse tout doré. Ensuite elle alla regarder dans sa souricière, où elle trouva six souris toutes en vie ; elle dit à Cendrillon de lever un peu la trappe de la souricière, et à chaque souris qui sortait, elle lui donnait un coup de sa baguette, et la souris était aussitôt changée en un beau cheval ; ce qui fit un bel attelage de six chevaux, d'un beau gris de souris pommelé[2].

1. **Lacets** : cordons servant à maintenir le corset serré.
2. **Pommelé** : se dit de la robe d'un cheval quand elle est couverte de petites taches rondes, grises ou blanches.

Comme elle était en peine de quoi elle ferait un cocher[1] :

« Je vais voir, dit Cendrillon, s'il n'y a point quelque rat dans la ratière, nous en ferons un cocher.

– Tu as raison, dit sa marraine, va voir. »

Cendrillon lui apporta la ratière, où il y avait trois gros rats. La fée en prit un d'entre les trois, à cause de sa maîtresse barbe[2], et l'ayant touché, il fut changé en un gros cocher, qui avait une des plus belles moustaches qu'on ait jamais vues. Ensuite elle lui dit :

« Va dans le jardin, tu y trouveras six lézards derrière l'arrosoir, apporte-les-moi. »

Elle ne les eut pas plus tôt apportés que la marraine les changea en six laquais, qui montèrent aussitôt derrière le carrosse avec leurs habits chamarrés[3], et qui s'y tenaient attachés, comme s'ils n'eussent fait autre chose toute leur vie. La fée dit alors à Cendrillon :

« Eh bien, voilà de quoi aller au bal, n'es-tu pas bien aise ?

– Oui, mais est-ce que j'irai comme cela avec mes vilains habits ? »

Sa marraine ne fit que la toucher avec sa baguette, et en même temps ses habits furent changés en des habits de drap d'or et d'argent tout chamarrés de pierreries ; elle lui donna ensuite une paire de pantoufles de vair[4], les plus jolies du monde. Quand

1. **Elle était en peine de quoi elle ferait un cocher** : elle cherchait quelque chose pour en faire un cocher.
2. **Maîtresse barbe** : barbe imposante.
3. **Chamarrés** : richement décorés d'ornements éclatants.
4. **Vair** : fourrure du petit-gris (écureuil dont le pelage devient gris argenté en hiver).

elle fut ainsi parée, elle monta en carrosse ; mais sa marraine lui recommanda sur toutes choses de ne pas passer minuit, l'avertissant que si elle demeurait au bal un moment davantage, son carrosse redeviendrait citrouille, ses chevaux des souris, ses laquais des lézards, et que ses vieux habits reprendraient leur première forme. Elle promit à sa marraine qu'elle ne manquerait pas de sortir du bal avant minuit. Elle part, ne se sentant pas de joie. Le fils du roi, qu'on alla avertir qu'il venait d'arriver une grande princesse qu'on ne connaissait point, courut la recevoir ; il lui donna la main à la descente du carrosse et la mena dans la salle où était la compagnie. Il se fit alors un grand silence ; on cessa de danser et les violons ne jouèrent plus, tant on était attentif à contempler les grandes beautés de cette inconnue. On n'entendait qu'un bruit confus : « Ah, qu'elle est belle ! » Le roi même, tout vieux qu'il était, ne laissait pas[1] de la regarder, et de dire tout bas à la reine qu'il y avait longtemps qu'il n'avait vu une si belle et si aimable personne. Toutes les dames étaient attentives à considérer[2] sa coiffure et ses habits, pour en avoir dès le lendemain de semblables, pourvu qu'il se trouvât des étoffes assez belles, et des ouvriers assez habiles. Le fils du roi la mit à la place la plus honorable[3], et ensuite la prit pour la mener danser. Elle dansa avec tant de grâce qu'on l'admira encore davantage. On apporta une fort belle collation[4] dont le jeune prince ne mangea point, tant il était occupé à la considérer.

1. **Ne laissait pas :** ne cessait pas.
2. **Considérer :** observer avec attention.
3. **La place la plus honorable :** la place d'honneur.
4. **Collation :** repas servi après la tombée de la nuit.

Elle alla s'asseoir auprès de ses sœurs, et leur fit mille honnêtetés[1] : elle leur fit part[2] des oranges et des citrons que le prince lui avait donnés, ce qui les étonna fort, car elles ne la connaissaient point[3]. Lorsqu'elles causaient ainsi, Cendrillon entendit sonner onze heures trois quarts : elle fit aussitôt une grande révérence à la compagnie et s'en alla le plus vite qu'elle put. Dès qu'elle fut arrivée, elle alla trouver sa marraine, et après l'avoir remerciée, elle lui dit qu'elle souhaiterait bien aller encore le lendemain au bal, parce que le fils du roi l'en avait priée. Comme elle était occupée à raconter à sa marraine tout ce qui s'était passé au bal, les deux sœurs heurtèrent à la porte ; Cendrillon leur alla ouvrir.

« Que vous êtes longtemps à revenir ! » leur dit-elle en bâillant, en se frottant les yeux, et en s'étendant comme si elle n'eût fait que de se réveiller ; elle n'avait cependant pas eu envie de dormir depuis qu'elles s'étaient quittées.

« Si tu étais venue au bal, lui dit une de ses sœurs, tu ne t'y serais pas ennuyée : il y est venu la plus belle princesse, la plus belle qu'on puisse jamais voir ; elle nous a fait mille civilités[4], elle nous a donné des oranges et des citrons. »

Cendrillon ne se sentait pas de joie : elle leur demanda le nom de cette princesse ; mais elles lui répondirent qu'on ne la connaissait pas, que le fils du roi en était fort en peine, et qu'il donnerait

1. **Leur fit mille honnêtetés :** leur dit mille choses aimables.
2. **Leur fit part :** partagea avec elles.
3. **Ne la connaissaient point :** ne la reconnaissaient pas.
4. **Civilités :** amabilités.

toutes choses au monde pour savoir qui elle était. Cendrillon sourit et leur dit :

« Elle était donc bien belle ? Mon Dieu, que vous êtes heureuses, ne pourrais-je point la voir ? Hélas ! Mademoiselle Javotte, prêtez-moi votre habit jaune que vous mettez tous les jours.

– Vraiment, dit Mademoiselle Javotte, je suis de cet avis ! Prêter votre habit à un vilain cucendron comme cela : il faudrait que je fusse bien folle. »

Cendrillon s'attendait bien à ce refus, et elle en fut bien aise, car elle aurait été grandement embarrassée si sa sœur eût bien voulu lui prêter son habit. Le lendemain les deux sœurs furent au bal, et Cendrillon aussi, mais encore plus parée que la première fois. Le fils du roi fut toujours auprès d'elle, et ne cessa de lui conter des douceurs ; la jeune demoiselle ne s'ennuyait point, et oublia ce que sa marraine lui avait recommandé ; de sorte qu'elle entendit sonner le premier coup de minuit, lorsqu'elle ne croyait pas qu'il fût encore onze heures : elle se leva et s'enfuit aussi légèrement qu'aurait fait une biche. Le prince la suivit, mais il ne put l'attraper ; elle laissa tomber une de ses pantoufles de vair, que le prince ramassa bien soigneusement. Cendrillon arriva chez elle bien essoufflée, sans carrosse, sans laquais, et avec ses méchants habits, rien ne lui étant resté de toute sa magnificence qu'une de ses petites pantoufles, la pareille de celle qu'elle avait laissé tomber. On demanda aux gardes de la porte du palais s'ils n'avaient point vu sortir une princesse ; ils dirent qu'ils n'avaient vu sortir personne, qu'une jeune fille fort mal vêtue, et qui avait plus l'air d'une paysanne que d'une demoiselle. Quand ses deux sœurs revinrent du bal, Cendrillon leur demanda si elles s'étaient encore bien diverties, et si la belle dame y avait été ; elles lui dirent que oui, mais qu'elle s'était enfuie lorsque minuit avait sonné, et si promptement qu'elle avait laissé tomber une de ses petites pantoufles de vair, la plus jolie du monde ; que le fils du roi l'avait ramassée, et qu'il n'avait fait que la regarder pendant tout le reste du bal, et qu'assurément il était fort amoureux de la belle personne à qui appartenait la petite pantoufle. Elles dirent vrai, car peu de jours après, le fils du roi fit publier[1] à son de trompe qu'il épouserait celle dont le pied serait bien juste à la pantoufle. On commença à l'essayer aux princesses, ensuite aux duchesses, et à toute la cour, mais inutilement. On l'apporta chez les deux sœurs, qui firent tout leur possible pour faire entrer leur pied dans la pantoufle, mais elles ne purent en venir à bout. Cendrillon, qui les regardait, et qui reconnut sa pantoufle, dit en riant :

« Que je voie si elle ne me serait pas bonne ! »

Ses sœurs se mirent à rire et à se moquer d'elle. Le gentilhomme qui faisait l'essai de la pantoufle, ayant regardé attentivement Cendrillon, et la trouvant fort belle, dit que cela était juste, et qu'il avait ordre de l'essayer à toutes les filles. Il fit asseoir Cendrillon, et approchant la pantoufle de son petit pied, il vit qu'elle y entrait sans peine, et qu'elle y était juste comme de cire[2]. L'étonnement des deux sœurs fut grand, mais plus grand encore quand Cendrillon tira de sa poche l'autre petite pantoufle qu'elle mit à son pied. Là-dessus arriva la marraine, qui ayant donné un coup

1. **Fit publier :** annonça publiquement.

2. **Elle y était juste comme de cire :** la pantoufle lui allait comme si elle avait été faite à partir d'un moulage en cire de son pied.

de sa baguette sur les habits de Cendrillon, les fit devenir encore plus magnifiques que tous les autres.

Alors ses deux sœurs la reconnurent pour la belle personne qu'elles avaient vue au bal. Elles se jetèrent à ses pieds pour lui demander pardon de tous les mauvais traitements qu'elles lui avaient fait souffrir. Cendrillon les releva, et leur dit, en les embrassant, qu'elle leur pardonnait de bon cœur, et qu'elle les priait de l'aimer bien toujours. On la mena chez le jeune prince, parée comme elle était : il la trouva encore plus belle que jamais, et peu de jours après, il l'épousa. Cendrillon, qui était aussi bonne que belle, fit loger ses deux sœurs au palais, et les maria dès le jour même à deux grands seigneurs de la cour.

Moralité

La beauté pour le sexe[1] est un rare trésor,
De l'admirer jamais on ne se lasse ;
Mais ce qu'on nomme bonne grâce[2]
Est sans prix, et vaut mieux encor.
C'est ce qu'à Cendrillon fit avoir sa marraine,
En la dressant[3], en l'instruisant,
Tant et si bien qu'elle en fit une reine
(Car ainsi sur ce conte on va moralisant.)
Belles, ce don vaut mieux que d'être bien coiffées,
Pour engager un cœur, pour en venir à bout,
La bonne grâce est le vrai don des fées ;
Sans elle, on ne peut rien, avec elle, on peut tout.

Autre moralité

C'est sans doute un grand avantage,
D'avoir de l'esprit, du courage,
De la naissance, du bon sens,
Et d'autres semblables talents,
Qu'on reçoit du ciel en partage ;
Mais vous aurez beau les avoir,
Pour votre avancement ce seront choses vaines,
Si vous n'avez, pour les faire valoir,
Ou des parrains ou des marraines.

1. **Le sexe :** le beau sexe, c'est-à-dire les femmes.
2. **Bonne grâce :** bonté.
3. **En la dressant :** en l'élevant, en l'éduquant.

« Blanche-Neige et les sept nains »
(*Snow White and the Seven Dwarfs*, 1937),
dessin animé de David Hand (1900-1986).

Blanche-Neige et les sept nains

Jacob et Wilhelm Grimm

Cela se passait en plein hiver et les flocons de neige tombaient du ciel comme un duvet léger. Une reine était assise à sa fenêtre encadrée de bois d'ébène[1] et cousait. Tout en tirant l'aiguille, elle regardait voler les blancs flocons. Elle se piqua au doigt et trois gouttes de sang tombèrent sur la neige. Ce rouge sur ce blanc faisait si bel effet qu'elle se dit : « Si seulement j'avais un enfant aussi blanc que la neige, aussi rose que le sang, aussi noir que le bois de ma fenêtre ! » Peu de temps après, une fille lui naquit ; elle était blanche comme neige, rose comme sang et ses cheveux étaient noirs comme de l'ébène. On l'appela Blanche-Neige. Mais la reine mourut en lui donnant le jour.

Au bout d'une année, le roi épousa une autre femme. Elle était très belle ; mais elle était fière et vaniteuse et ne pouvait souffrir que quelqu'un la surpassât en beauté[2]. Elle possédait un miroir magique. Quand elle s'y regardait en disant :

« Miroir, miroir joli,
Qui est la plus belle au pays ? »

1. **Bois d'ébène :** bois précieux de couleur noire.
2. **La surpassât en beauté :** soit plus belle qu'elle.

Le miroir répondait :

« Madame la reine, vous êtes la plus belle au pays. »

Et elle était contente. Elle savait que le miroir disait la vérité. Blanche-Neige, cependant, grandissait et devenait de plus en plus belle. Quand elle eut atteint ses sept ans elle était déjà plus jolie que le jour et plus belle que la reine elle-même. Un jour que celle-ci demandait au miroir :

« Miroir, miroir joli,
Qui est la plus belle au pays ? »

Celui-ci répondit :

« Madame la reine, vous êtes la plus belle ici,
Mais Blanche-Neige est encore mille fois plus belle. »

La reine en fut épouvantée. Elle devint jaune et verte de jalousie. À partir de là, chaque fois qu'elle apercevait Blanche-Neige, son cœur se retournait dans sa poitrine tant elle éprouvait de haine à son égard. La jalousie et l'orgueil croissaient en elle comme mauvaise herbe. Elle en avait perdu le repos, le jour et la nuit. Elle fit venir un chasseur et lui dit :

« Emmène l'enfant dans la forêt ! je ne veux plus la voir. Tue-la et rapporte-moi pour preuves de sa mort ses poumons et son foie. »

Le chasseur obéit et conduisit Blanche-Neige dans le bois. Mais quand il eut dégainé[1] son poignard

1. **Dégainé :** enlevé de sa gaine, c'est-à-dire de son étui.

pour en percer son cœur innocent, elle se mit à pleurer et dit :

« Ô, cher chasseur, laisse-moi la vie ! je m'enfoncerai au plus profond de la forêt et ne rentrerai jamais à la maison. »

Et parce qu'elle était belle, le chasseur eut pitié d'elle et dit :

« Sauve-toi, pauvre enfant ! »

« Les bêtes de la forêt auront tôt fait de te dévorer ! » songeait-il. Et malgré tout, il se sentait soulagé de ne pas avoir dû la tuer. Un marcassin[1] passait justement. Il le tua de son poignard, prit ses poumons et son foie et les apporta à la reine comme preuves de la mort de Blanche-Neige. Le cuisinier reçut ordre de les apprêter[2] et la méchante femme les mangea, s'imaginant qu'ils avaient appartenu à Blanche-Neige.

La pauvre petite, elle, était au milieu des bois, toute seule. Sa peur était si grande qu'elle regardait toutes les feuilles de la forêt sans savoir ce qu'elle allait devenir. Elle se mit à courir sur les cailloux pointus et à travers les épines. Les bêtes sauvages bondissaient autour d'elle, mais ne lui faisaient aucun mal. Elle courut jusqu'au soir, aussi longtemps que ses jambes purent la porter. Elle aperçut alors une petite maisonnette et y pénétra pour s'y reposer. Dans la maisonnette, tout était minuscule, gracieux et propre. On y voyait une petite table couverte d'une nappe blanche, avec sept petites assiettes et sept petites cuillères, sept petites fourchettes et sept petits couteaux, et aussi sept petits gobelets. Contre le mur, il y avait

1. **Marcassin** . petit du sanglier, âgé de moins de six mois.

2. **Les apprêter** . les préparer en vue de les cuisiner.

sept petits lits alignés les uns à côté des autres et recouverts de draps tout blancs. Blanche-Neige avait si faim et si soif qu'elle prit dans chaque assiette un peu de légumes et de pain et but une goutte de vin dans chaque gobelet : car elle ne voulait pas manger la portion tout entière de l'un des convives[1]. Fatiguée, elle voulut ensuite se coucher. Mais aucun des lits ne lui convenait ; l'un était trop long, l'autre trop court. Elle les essaya tous. Le septième, enfin, fut à sa taille. Elle s'y allongea, se confia à Dieu[2] et s'endormit.

Quand la nuit fut complètement tombée, les propriétaires de la maisonnette arrivèrent. C'était sept nains qui, dans la montagne, travaillaient à la mine. Ils allumèrent leurs sept petites lampes et quand la lumière illumina la pièce, ils virent que quelqu'un y était venu, car tout n'était plus tel qu'ils l'avaient laissé.

Le premier dit : « Qui s'est assis sur ma petite chaise ? »

Le deuxième : « Qui a mangé dans ma petite assiette ? »

Le troisième : « Qui a pris de mon pain ? »

Le quatrième : « Qui a mangé de mes légumes ? »

Le cinquième : « Qui s'est servi de ma fourchette ? »

Le sixième : « Qui a coupé avec mon couteau ? »

Le septième : « Qui a bu dans mon gobelet ? »

Le premier, en se retournant, vit que son lit avait été dérangé.

« Qui a touché à mon lit ? » dit-il.

1. **Convives :** invités.
2. **Se confia à Dieu :** fit une prière à Dieu.

Les autres s'approchèrent en courant et chacun s'écria :

« Dans le mien aussi quelqu'un s'est couché ! »

Mais le septième, quand il regarda son lit, y vit Blanche-Neige endormie. Il appela les autres, qui vinrent bien vite et poussèrent des cris étonnés. Ils prirent leurs sept petites lampes et éclairèrent le visage de Blanche-Neige.

« Seigneur Dieu ! Seigneur Dieu ! s'écrièrent-ils ; que cette enfant est jolie ! »

Ils en eurent tant de joie qu'ils ne l'éveillèrent pas et la laissèrent dormir dans le petit lit. Le septième des nains coucha avec ses compagnons, une heure avec chacun, et la nuit passa ainsi.

Au matin, Blanche-Neige s'éveilla. Quand elle vit les sept nains, elle s'effraya. Mais ils la regardaient avec amitié et posaient déjà des questions :

« Comment t'appelles-tu ? »

– Je m'appelle Blanche-Neige, répondit-elle.

– Comment es-tu venue jusqu'à nous ? »

Elle leur raconta que sa belle-mère avait voulu la faire tuer, mais que le chasseur lui avait laissé la vie sauve et qu'elle avait ensuite couru tout le jour jusqu'à ce qu'elle trouvât cette petite maison. Les nains lui dirent :

« Si tu veux t'occuper de notre ménage, faire à manger, faire les lits, laver, coudre et tricoter, si tu tiens tout en ordre et en propreté, tu pourras rester avec nous et tu ne manqueras de rien.

– D'accord, d'accord de tout mon cœur », dit Blanche-Neige.

Et elle resta auprès d'eux. Elle s'occupa de la maison. Le matin, les nains partaient pour la montagne où ils arrachaient le fer et l'or ; le soir, ils s'en revenaient et il fallait que leur repas fût prêt. Toute la journée, la jeune fille restait seule ; les bons petits nains l'avaient mise en garde :

« Méfie-toi de ta belle-mère ! Elle saura bientôt que tu es ici ; ne laisse entrer personne ! »

La reine, cependant, après avoir mangé les poumons et le foie de Blanche-Neige, s'imaginait qu'elle était redevenue la plus belle de toutes. Elle se mit devant son miroir et demanda :

« Miroir, miroir joli,
Qui est la plus belle au pays ? »

Le miroir répondit :

« Madame la reine, vous êtes la plus belle ici,
Mais, par-delà les monts d'airain[1],
Auprès des gentils petits nains,
Blanche-Neige est mille fois plus belle. »

La reine en fut bouleversée ; elle savait que le miroir ne pouvait mentir. Elle comprit que le chasseur l'avait trompée et que Blanche-Neige était toujours en vie. Elle se creusa la tête pour trouver un nouveau moyen de la tuer, car aussi longtemps qu'elle ne serait pas la plus belle au pays, elle savait que la jalousie ne lui laisserait aucun repos. Ayant finalement découvert un stratagème[2], elle se farda le visage et s'habilla comme une vieille marchande ambulante[3]. Elle était méconnaissable.

1. **D'airain :** de bronze (métal de couleur brune).
2. **Un stratagème :** une ruse.
3. **Ambulante :** qui va de porte en porte pour proposer ses marchandises.

Ainsi déguisée, elle franchit les sept montagnes derrière lesquelles vivaient les sept nains. Elle frappa à la porte et dit :

« J'ai du beau, du bon à vendre, à vendre ! »

Blanche-Neige regarda par la fenêtre et dit :

« Bonjour, chère madame, qu'avez-vous à vendre ?

– De la belle, de la bonne marchandise, répondit-elle, des corselets[1] de toutes les couleurs. »

Elle lui en montra un tressé de soie multicolore.

« Je peux bien laisser entrer cette honnête femme ! » se dit Blanche-Neige. Elle déverrouilla la porte et acheta le joli corselet.

« Enfant ! dit la vieille. Comme tu t'y prends ! Viens, je vais te l'ajuster comme il faut ! »

Blanche-Neige était sans méfiance. Elle se laissa passer le nouveau corselet. Mais la vieille serra rapidement et si fort que la jeune fille perdit le souffle et tomba comme morte.

« Et maintenant, tu as fini d'être la plus belle », dit la vieille en s'enfuyant.

Le soir, peu de temps après, les sept nains rentrèrent à la maison. Quel effroi fut le leur lorsqu'ils virent leur chère Blanche-Neige étendue sur le sol, immobile et comme sans vie ! Ils la soulevèrent et virent que son corselet la serrait trop. Ils en coupèrent vite le cordonnet. La jeune fille commença à respirer doucement et, peu à peu, elle revint à elle. Quand les nains apprirent ce qui s'était passé, ils dirent :

1. **Corselets** : un corselet est un vêtement très ajusté. Fermé par un lacet sur le devant, il habillait autrefois le buste des femmes.

« La vieille marchande n'était autre que cette mécréante[1] de reine. Garde-toi et ne laisse entrer personne quand nous ne serons pas là ! »

La méchante femme, elle, dès son retour au château, s'était placée devant son miroir et avait demandé :

« Miroir, Miroir joli,
Qui est la plus belle au pays ? »

Une nouvelle fois, le miroir avait répondu :

« Madame la reine, vous êtes la plus belle ici.
Mais, par-delà les monts d'airain,
Auprès des gentils petits nains,
Blanche-Neige est mille fois plus belle. »

Quand la reine entendit ces mots, elle en fut si bouleversée qu'elle sentit son cœur étouffer. Elle comprit que Blanche-Neige avait recouvré[2] la vie.

« Eh bien ! dit-elle, je vais trouver quelque moyen qui te fera disparaître à tout jamais ! »

Par un tour de sorcellerie qu'elle connaissait, elle empoisonna un peigne. Elle se déguisa à nouveau et prit l'aspect d'une autre vieille femme.

Elle franchit ainsi les sept montagnes en direction de la maison des sept nains, frappa à la porte et cria :

« Bonne marchandise à vendre ! »

Blanche-Neige regarda par la fenêtre et dit :

« Passez votre chemin ! je n'ai le droit d'ouvrir à quiconque.

1. **Mécréante** : personne sans religion.

2. **Recouvré** : retrouvé.

– Mais tu peux bien regarder, dit la vieille en lui montrant le peigne empoisonné. Je vais te peigner joliment. »

La pauvre Blanche-Neige ne se douta de rien et laissa faire la vieille ; à peine le peigne eut-il touché ses cheveux que le poison agit et que la jeune fille tomba sans connaissance.

« Et voilà ! dit la méchante femme, c'en est fait de toi, prodige de beauté ![1] »

Et elle s'en alla. Par bonheur, le soir arriva vite et les sept nains rentrèrent à la maison. Quand ils virent Blanche-Neige étendue comme morte sur le sol, ils songèrent aussitôt à la marâtre[2], cherchèrent et trouvèrent le peigne empoisonné. Dès qu'ils l'eurent retiré de ses cheveux, Blanche-Neige revint à elle et elle leur raconta ce qui s'était passé. Ils lui demandèrent une fois de plus d'être sur ses gardes et de n'ouvrir à personne.

Rentrée chez elle, la reine s'était placée devant son miroir et avait demandé :

« Miroir, miroir joli,
Qui est la plus belle au pays ? »

Comme la fois précédente, le miroir répondit :

« Madame la reine, vous êtes la plus belle ici.
Mais, par-delà les monts d'airain,
Auprès des gentils petits nains,
Blanche-Neige est mille fois plus belle. »

Quand la reine entendit cela, elle se mit à trembler de colère.

1. **C'en est fait de toi, prodige de beauté ! :** tu es morte, beauté exceptionnelle !
2. **Marâtre :** belle-mère, méchante et cruelle.

« Il faut que Blanche-Neige meure ! s'écria-t-elle, dussé-je en périr[1] moi-même ! »

Elle se rendit dans une chambre sombre et isolée où personne n'allait jamais et y prépara une pomme empoisonnée. Extérieurement, elle semblait belle, blanche et rouge, si bien qu'elle faisait envie à quiconque la voyait ; mais il suffisait d'en manger un tout petit morceau pour mourir.

Quand tout fut prêt, la reine se farda le visage et se déguisa en paysanne. Ainsi transformée, elle franchit les sept montagnes pour aller chez les sept nains. Elle frappa à la porte. Blanche-Neige se pencha à la fenêtre et dit :

« Je n'ai le droit de laisser entrer quiconque ici ; les sept nains me l'ont interdit.

– D'accord ! répondit la paysanne. J'arriverai bien à vendre mes pommes ailleurs ; mais je vais t'en offrir une.

– Non, dit Blanche-Neige, je n'ai pas le droit d'accepter quoi que ce soit.

– Aurais-tu peur d'être empoisonnée ? demanda la vieille. Regarde : je partage la pomme en deux ; tu mangeras la moitié qui est rouge, moi, celle qui est blanche. »

La pomme avait été traitée avec tant d'art que seule la moitié était empoisonnée. Blanche-Neige regarda le fruit avec envie et quand elle vit que la paysanne en mangeait, elle ne put résister plus longtemps. Elle tendit la main et prit la partie empoisonnée de la pomme. À peine y eut-elle mis les dents qu'elle

1. **Dussé-je en périr** : même si je dois en mourir.

tomba morte sur le sol. La reine la regarda de ses yeux méchants, ricana et dit :

« Blanche comme neige, rose comme sang, noire comme ébène ! Cette fois-ci, les nains ne pourront plus te réveiller ! »

Et quand elle fut de retour chez elle, et demanda au miroir :

« Miroir, miroir joli,
Qui est la plus belle au pays ? »

Celui-ci répondit enfin :

« Madame la reine, vous êtes la plus belle au pays. »

Et son cœur jaloux trouva le repos, pour autant qu'un cœur jaloux puisse le trouver.

Quand, au soir, les petits nains arrivèrent chez eux, ils trouvèrent Blanche-Neige étendue sur le sol, sans souffle. Ils la soulevèrent, cherchèrent s'il y avait quelque chose d'empoisonné, défirent son corselet, coiffèrent ses cheveux, la lavèrent avec de l'eau et du vin. Mais rien n'y fit : la chère enfant était morte et morte elle restait. Ils la placèrent sur une civière, s'assirent tous les sept autour d'elle et pleurèrent trois jours durant. Puis ils se préparèrent à l'enterrer. Mais elle était restée fraîche comme un être vivant et ses jolies joues étaient roses comme auparavant.

Ils dirent :

« Nous ne pouvons la mettre dans la terre noire. »

Ils fabriquèrent un cercueil de verre transparent où on pourrait la voir de tous les côtés, l'y installèrent et écrivirent dessus son nom en lettres d'or, en ajoutant qu'elle était fille de roi. Ils portèrent le cercueil en haut de la montagne et l'un d'eux, sans cesse, monta la garde auprès de lui.

Longtemps Blanche-Neige resta ainsi dans son cercueil, toujours aussi jolie. Il arriva qu'un jour un prince qui chevauchait par la forêt s'arrêta à la maison des nains pour y passer la nuit. Il vit le cercueil au sommet de la montagne, et la jolie Blanche-Neige. Il dit aux nains :

« Laissez-moi le cercueil ; je vous en donnerai ce que vous voudrez. »

Mais les nains répondirent :

« Nous ne vous le donnerons pas pour tout l'or du monde. »

Il dit :

« Alors donnez-le-moi pour rien ; car je ne pourrai plus vivre sans voir Blanche-Neige ; je veux lui rendre honneur et respect comme à ma bien-aimée. »

Quand ils entendirent ces mots, les bons petits nains furent saisis de compassion[1] et ils lui donnèrent le cercueil. Le prince le fit emporter sur les épaules de ses serviteurs. Comme ils allaient ainsi, l'un d'eux buta sur une souche[2]. La secousse fit glisser hors de la gorge de Blanche-Neige le morceau de pomme empoisonnée qu'elle avait mangé. Bientôt après, elle ouvrit les yeux, souleva le couvercle du cercueil et se leva. Elle était de nouveau vivante !

« Seigneur, où suis-je ? demanda-t-elle.

– Auprès de moi », répondit le prince, plein d'allégresse.

1. **Compassion :** pitié, attendrissement.
2. **Buta sur une souche :** trébucha sur le bas du tronc d'un arbre qui avait été coupé.

Il lui raconta ce qui s'était passé, ajoutant :

« Je t'aime plus que tout au monde ; viens avec moi, tu deviendras ma femme. »

Blanche-Neige accepta. Elle l'accompagna et leurs noces furent célébrées avec magnificence et splendeur.

La méchante reine, belle-mère de Blanche-Neige, avait également été invitée au mariage. Après avoir revêtu ses plus beaux atours, elle prit place devant le miroir et demanda :

« Miroir, miroir joli,
Qui est la plus belle au pays ? »

Le miroir répondit :

« Madame la reine, vous êtes la plus belle ici,
Mais la jeune souveraine est mille fois plus belle. »

La méchante femme proféra un affreux juron et elle eut si peur, si peur qu'elle en perdit la tête.

Gravure de sorcière
par Arthur Rackham (1867-1939).

Raponce

Jacob et Wilhelm Grimm

Il était une fois un mari et sa femme qui avaient depuis longtemps désiré avoir un enfant, quand enfin la femme fut dans l'espérance et pensa que le Bon Dieu avait bien voulu accomplir son vœu le plus cher. Sur le derrière de leur maison, ils avaient une petite fenêtre qui donnait sur un magnifique jardin où poussaient les plantes et les fleurs les plus belles ; mais il était entouré d'un haut mur, et nul n'osait s'aventurer à l'intérieur parce qu'il appartenait à une sorcière douée d'un grand pouvoir et que tout le monde craignait. Un jour donc que la femme se tenait à cette fenêtre et admirait le jardin en dessous, elle vit un parterre planté de superbes raiponces[1] avec des rosettes de feuilles[2] si vertes et si luisantes, si fraîches et si appétissantes, que l'eau lui en vint à la bouche et qu'elle rêva d'en manger une bonne salade. Cette envie qu'elle en avait ne faisait que croître et grandir de jour en jour ; mais, comme elle savait aussi qu'elle ne pourrait pas en avoir, elle tomba en mélancolie

1. **Raiponces :** salades sauvages.
2. **Rosettes de feuilles :** feuilles disposées en forme de roses.

et commença à dépérir[1], maigrissant et pâlissant toujours plus. En la voyant si bas, son mari s'inquiéta et lui demanda :

« Mais que t'arrive-t-il donc, ma chère femme ?

– Ah ! lui répondit-elle, je vais mourir si je ne peux pas manger des raiponces du jardin de derrière chez nous ! »

Le mari aimait fort sa femme et pensa :

« Plutôt que de la laisser mourir, je lui apporterai de ces raiponces, quoi qu'il puisse m'en coûter ! »

Le jour même, après le crépuscule, il escalada le mur du jardin de la sorcière, y prit en toute hâte une pleine main de raiponces qu'il rapporta à son épouse. La femme s'en prépara immédiatement une salade, qu'elle mangea avec une grande avidité. Mais c'était si bon et cela lui avait tellement plu que le lendemain, au lieu que son envie fût satisfaite, elle avait triplé. Et, pour la calmer, il fallut absolument que son mari retournât encore une fois dans le jardin. Au crépuscule, donc, il fit comme la veille, mais quand il sauta du mur dans le jardin il se figea d'effroi, car la sorcière était devant lui !

« Quelle audace de t'introduire dans mon jardin comme un voleur, lui dit-elle avec un regard furibond[2], et de venir me voler mes raiponces ! Tu vas voir ce qu'il va t'en coûter !

– Oh ! supplia-t-il, ne voulez-vous pas user de clémence[3] et préférer miséricorde[4] à justice ? Si je l'ai fait, si je me suis décidé à le faire, c'est que

1. **Dépérir :** perdre peu à peu ses forces et sa santé.
2. **Furibond :** furieux.
3. **Clémence :** générosité, indulgence.
4. **Miséricorde :** pardon.

j'étais forcé : ma femme a vu vos raiponces par notre petite fenêtre, et elle a été prise d'une telle envie d'en manger qu'elle serait morte si elle n'en avait pas eu. »

La sorcière fit taire sa fureur et lui dit :

« Si c'est comme tu le prétends, je veux bien te permettre d'emporter autant de raiponces que tu voudras, mais à une condition : c'est que tu me donnes l'enfant que ta femme va mettre au monde. Tout ira bien pour lui et j'en prendrai soin comme une mère. »

Le mari, dans sa terreur, accepta tout sans discuter. Et quelques semaines plus tard, quand sa femme accoucha, la sorcière arriva aussitôt, donna à l'enfant le nom de Raiponce et l'emporta avec elle.

Raiponce était une fillette, et la plus belle qui fut sous le soleil. Lorsqu'elle eut ses douze ans, la sorcière l'enferma dans une tour qui se dressait, sans escalier ni porte, au milieu d'une forêt. Et comme la tour n'avait pas d'autre ouverture qu'une minuscule fenêtre tout en haut, quand la sorcière voulait y entrer, elle appelait sous la fenêtre et criait :

« Raiponce, Raiponce,
Descends-moi tes cheveux. »

Raiponce avait de longs et merveilleux cheveux qu'on eût dits de fils d'or[1]. En entendant la voix de la sorcière, elle défaisait sa coiffure, attachait le haut de ses nattes à un crochet de la fenêtre et les laissait se

1. **Qu'on eût dits de fils d'or :** qui ressemblaient à des fils d'or.

dérouler jusqu'en bas, à vingt aunes[1] au-dessous, si bien que la sorcière pouvait se hisser[2] et entrer.

Quelques années plus tard, il advint qu'un fils de roi qui chevauchait dans la forêt passa près de la tour et entendit un chant si adorable qu'il s'arrêta pour écouter. C'était Raiponce qui se distrayait de sa solitude en laissant filer sa délicieuse voix. Le fils de roi, qui voulait monter vers elle, chercha la porte de la tour et n'en trouva point. Il tourna bride[3] et rentra chez lui ; mais le chant l'avait si fort bouleversé et ému dans son cœur qu'il ne pouvait plus laisser passer un jour sans chevaucher dans la forêt pour revenir à la tour et écouter. Il était là, un jour, caché derrière un arbre, quand il vit arriver une sorcière qu'il entendit appeler sous la fenêtre :

« Raiponce, Raiponce,
Descends-moi tes cheveux. »

Alors Raiponce laissa se dérouler ses nattes et la sorcière grimpa. « Si c'est là l'escalier par lequel on monte, je veux aussi tenter ma chance », se dit-il ; et le lendemain, quand il commença à faire sombre, il alla au pied de la tour et appela :

« Raiponce, Raiponce,
Descends-moi tes cheveux. »

Les nattes se déroulèrent aussitôt et le fils de roi monta. Sur le premier moment, Raiponce fut très épouvantée en voyant qu'un homme était entré chez

1. **Aunes** : une aune est une unité de mesure de longueur correspondant environ à 1,20 mètre. Vingt aunes sont l'équivalent d'à peu près 25 mètres.
2. **Se hisser** : s'élever.
3. **Il tourna bride** : il fit demi-tour.

elle, un homme comme elle n'en avait jamais vu ; mais il se mit à lui parler gentiment et à lui raconter combien son cœur avait été touché quand il l'avait entendue chanter, et qu'il n'avait plus eu de repos tant qu'il ne l'eût vue en personne. Alors Raiponce perdit son effroi, et, quand il lui demanda si elle voulait de lui comme mari, voyant qu'il était jeune et beau, elle pensa : « Celui-ci m'aimera sûrement mieux que ma vieille mère-marraine », et elle répondit qu'elle le voulait bien, en mettant sa main dans la sienne. Elle ajouta aussitôt :

« Je voudrais bien partir avec toi, mais je ne saurais pas comment descendre. Si tu viens, alors apporte-moi chaque fois un cordon de soie : j'en ferai une échelle, et quand elle sera finie je descendrai et tu m'emporteras sur ton cheval. »

Ils convinrent que d'ici là il viendrait la voir tous les soirs, puisque pendant la journée venait la vieille. De tout cela, la sorcière n'eût rien deviné si, un jour, Raiponce ne lui avait dit :

« Dites-moi, mère-marraine, comment se fait-il que vous soyez si lourde à monter, alors que le fils du roi, lui, est en haut en un clin d'œil ?

– Ah ! scélérate ! Qu'est-ce que j'entends ? s'exclama la sorcière. Moi qui croyais t'avoir isolée du monde entier, et tu m'as pourtant flouée[1] ! »

Dans la fureur de sa colère, elle empoigna les beaux cheveux de Raiponce et les serra dans sa main gauche en les tournant une fois ou deux, attrapa des ciseaux de sa main droite et cric-crac, les belles nattes tombèrent par terre. Mais si impitoyable

1. **Flouée :** trahie, trompée.

était sa cruauté, qu'elle s'en alla déposer Raiponce dans une solitude désertique, où elle l'abandonna à une existence misérable et pleine de détresse.

Ce même jour encore, elle revint attacher solidement les nattes au crochet de la fenêtre, et vers le soir, le fils de roi arriva et appela :

« Raiponce, Raiponce,
Descends-moi tes cheveux. »

Alors la sorcière laissa se dérouler les nattes jusqu'en bas. Le fils de roi y monta, mais ce ne fut pas sa bien-aimée Raiponce qu'il trouva en haut, c'était la vieille sorcière qui le fixait d'un regard féroce et empoisonné.

« Ha, ha ! ricana-t-elle, tu viens chercher la dame de ton cœur, mais le bel oiseau n'est plus au nid et il ne chante plus : le chat l'a emporté, comme il va maintenant te crever les yeux. Pour toi, Raiponce est perdue, tu ne la verras jamais plus ! »

Déchiré de douleur et affolé de désespoir, le fils de roi sauta par la fenêtre du haut de la tour : il ne se tua pas ; mais, s'il sauva sa vie, il perdit les yeux en tombant au milieu des épines ; et il erra, désormais aveugle, dans la forêt, se nourrissant de fruits sauvages et de racines, pleurant et se lamentant sans cesse sur la perte de sa femme bien-aimée. Le malheureux erra ainsi pendant quelques années, aveugle et misérable, jusqu'au jour que ses pas incertains l'amenèrent dans la solitude où Raiponce vivait elle-même misérablement avec les deux jumeaux qu'elle avait mis au monde : un garçon et une fille. Il avait entendu une voix qu'il lui sembla connaître, et, tout en tâtonnant, il s'avança vers elle.

Raiponce le reconnut alors et lui sauta au cou en pleurant. Deux de ses larmes ayant touché ses yeux, le fils de roi recouvra complètement la vue, et il ramena sa bien-aimée dans son royaume, où ils furent accueillis avec des transports de joie et vécurent heureux désormais pendant de longues, longues années de bonheur.

« La Belle au bois dormant »
par Arthur Rackham (1867-1939).

POUR APPROFONDIR

Clés d'analyse

La Belle au dois dormant (pp. 25-39)

Action

1. Résumez le conte. Reprenez ce résumé en énumérant les étapes successives du récit : quelle est la situation initiale ? Quel est l'élément perturbateur ?
2. Montrez qu'on peut diviser le conte en deux histoires relativement distinctes : quelle est la situation finale résultant de la première transformation ? Quelle phrase, traditionnelle dans les contes de fées, pourrait clore la première histoire ?
3. Quelle est la seconde situation de départ ? Quel élément perturbateur relance le conte dans la deuxième histoire ? Quelle est la deuxième situation finale ?
4. Qui est menacé dans la première histoire ? dans la deuxième ? Pourquoi s'attend-on à ce que tout se termine finalement bien ?
5. Relevez, dans la seconde partie du conte, une séquence qui se répète à l'identique. À quoi sert une telle répétition ?

Personnages

6. Faites la liste des personnages du conte. Distinguez les personnages principaux, qui jouent un rôle dans l'action, et les personnages secondaires.
7. Qui est le héros du conte ? Justifiez votre réponse.
8. Faites le schéma actantiel du conte : qui est le sujet ? Quel est l'objet ? Quels sont les adjuvants ? Qui sont le destinateur et le destinataire ?
9. Relevez tous les opposants dans le conte. Quel point commun ont-ils ?
10. En vous appuyant sur les réponses précédentes, essayez de formuler l'objet de la quête de la Belle au bois dormant et de définir le sens de l'initiation que subit la Belle.

Langue

11. Relevez des termes qui vous paraissent vieillis et indiquez pour chacun d'eux son sens actuel et le sens qu'il avait au XVIIe siècle.
12. Observez les temps des verbes à partir de : « Elle n'eut pas plus tôt pris le fuseau que, comme elle était fort vive... » (p. 28, l. 75), jusqu'à : « mais rien ne la faisait revenir » (p. 28, l. 83). Que remarquez-vous ?
13. Dans quels passages le narrateur intervient-il pour faire un commentaire sur ce qu'il raconte ? Relevez des phrases humoristiques ou ironiques. Quelle fonction ont-elles à votre avis ?
14. Résumez en une ou deux phrases la moralité du conte.

Genre ou thèmes

15. En vous fondant sur des éléments d'observation précis, montrez que l'univers du conte est un univers idéalisé.
16. Quels éléments représentent cependant une menace ?
17. Dans les contes, de nombreux éléments ont une valeur symbolique. Relevez-en quelques-uns dans ce conte.

Écriture

18. Écrivez un conte à la manière de « La Belle au bois dormant » en le transposant aujourd'hui et en inversant les rôles masculins et féminins.
19. Trouvez une autre moralité qui pourrait illustrer ce conte.
20. Transposez l'histoire de « La Belle au bois dormant » dans le monde contemporain.

Clés d'analyse

Cendrillon ou la Petite Pantoufle de vair (pp. 41-51)

Action et personnages

1. Faites le résumé de l'histoire.
2. Reprenez ce résumé en distinguant chacune des étapes : quels sont la situation initiale, l'élément perturbateur, la situation finale ?
3. Faites le schéma actantiel du conte : qui est le sujet ? Quel est l'objet ? Quels sont les adjuvants et les opposants ? Qui sont le destinateur et le destinataire ?

Langue

4. En vous reportant à la note explicative, dites quel est le sens du mot « humeur » (p. 41, l. 4). Quel sens ce mot a-t-il aujourd'hui ? Le sens de ce mot est-il le même à la ligne 10 ?
5. Quel est le sens du mot « souffrir » dans la phrase « la pauvre fille souffrait tout avec patience » (p. 42, l. 20-21) ? Est-il différent du sens actuel ?
6. Quel est le sens de l'emploi du présent dans : « elle part, ne se sentant pas de joie » (p. 46, l. 127-128) ?

Genre ou thèmes

7. Relevez tous les éléments merveilleux ou surnaturels.
8. Relevez ensuite tous les éléments réalistes. Quels éléments appartiennent à la fois à l'univers réaliste et familier, et à l'univers surnaturel ?
9. Quelle correspondance y a-t-il entre les animaux et les objets utilisés par la fée avant et après leur transformation ?
10. Quels sont les traits du caractère de Cendrillon ?
11. Cendrillon joue-t-elle un rôle dans le déroulement des événements ?

12. Étudiez les deux moralités : quel est le thème principal de chacune d'elles ? Laquelle préférez-vous ? Pourquoi ?
13. Ces deux moralités vous semblent-elle se contredire ? Pourquoi ?
14. Peut-on dire, d'une certaine manière, qu'elles se complètent ?

Écriture

15. Imaginez une histoire contemporaine où un personnage rechercherait une personne dont il est tombé amoureux et qui a disparu en laissant une trace.
16. Le prince poursuit Cendrillon après le deuxième bal. Il la retrouve dans l'escalier, vêtue de ses haillons. Imaginez sa surprise, ce que lui dit Cendrillon et la fin de l'histoire.

« Cendrillon » par Gustave Doré (1832-1883).

Clés d'analyse

Blanche-Neige et les sept nains (pp. 53-65)

Action et personnages

1. Quels sentiments animent la deuxième femme du roi face à Blanche-Neige ? Relevez quelques mots-clés.
2. Pour quelle raison le chasseur épargne-t-il la vie de Blanche-Neige ? Quelle ruse imagine-t-il pour faire croire à la reine qu'il a effectué sa mission ?
3. Comment Blanche-Neige vit-elle avec les sept nains ? Pourquoi n'écoute-t-elle pas leurs conseils de prudence ?
4. Quels stratagèmes la reine imagine-t-elle successivement pour supprimer Blanche-Neige ? Quels traits de caractère révèle-t-elle à travers ses actions ? Qui vient toujours en aide à sa victime ?
5. De quoi Blanche-Neige meurt-elle ? Pourquoi les sept nains enferment-ils son corps dans un cercueil de verre ? Pourquoi refusent-ils au prince de céder le cercueil « pour tout l'or du monde » pour ensuite le donner « pour rien » ?
6. De quelle manière Blanche-Neige revient-elle à la vie ? Expliquez la réaction du prince.
7. Comment se termine le conte ? Cette fin est-elle conforme à la tradition du conte de fées ? Justifiez votre réponse en citant un autre conte qui finit à peu près de la même manière.

Langue

8. Pourquoi le conteur utilise-t-il l'imparfait dans la première partie du récit ? Repérez le premier verbe au passé simple : que signale-t-il au lecteur ?
9. « La *pauvre* petite », « la *méchante* femme », « les *gentils* petits nains » : quel jugement traduisent les adjectifs en italique ?

10. Qui exprime ici son opinion ? Quels sentiments le conteur cherche-t-il à éveiller chez le lecteur en employant ces adjectifs ?
11. Montrez, en vous appuyant sur le texte, que le terme « marâtre » convient parfaitement à la reine. Précisez la signification du suffixe « -âtre ».

Genre ou thèmes

12. Dans quelles circonstances Blanche-Neige vient-elle au monde ? Quels éléments surnaturels précèdent sa naissance ?
13. Justifiez l'expression « miroir magique » (p. 53, l. 17).
14. Expliquez la phrase : « Et son cœur jaloux trouva le repos, pour autant qu'un cœur jaloux puisse le trouver » (p. 63, l. 291-292). Quelle leçon de morale donne ici le conteur ?
15. Quel rôle la beauté de Blanche-Neige joue-t-elle dans le récit ?

Écriture

16. Faites un portrait du prince tel que vous l'imaginez. Ce portrait sera rédigé à l'imparfait ; il peindra les traits physiques mais dévoilera aussi la personnalité du jeune homme.
17. Que pensez-vous du sort réservé à la reine à la fin du récit ? Justifiez votre point de vue en faisant référence aux sentiments et aux actions de ce personnage.

Pour aller plus loin

18. Parmi les acteurs contemporains, choisissez ceux à qui vous voudriez confier les rôles de Blanche-Neige, de la marâtre et du prince. Expliquez vos choix.

Clés d'analyse

Raiponce (pp. 67-73)

Action et personnages

1. Comment s'exprime l'envie de raiponces chez la future mère ? Que risque-t-il d'arriver si cette envie n'est pas satisfaite ?
2. Quel marché le mari conclut-il avec la sorcière ? A-t-il vraiment le choix de sa décision ?
3. Qui élève Raiponce ? Qu'arrive-t-il à la jeune fille à l'âge de douze ans ? Comment communique-t-elle désormais avec l'extérieur ?
4. Comment naît l'amour chez le jeune roi ? Résumez la première rencontre des jeunes gens en montrant à quel point tout semble facile et naturel.
5. Comment les deux jeunes gens font-ils pour se voir ? Quel plan élaborent-ils pour préparer la fuite de Raiponce ?
6. Pourquoi, à votre avis, la prisonnière ne garde-t-elle pas le secret des rencontres avec le jeune roi ? Quelle punition lui inflige alors la sorcière ?
7. Expliquez le piège tendu au prince. Pourquoi le jeune homme saute-t-il par la fenêtre ? Quelle blessure s'inflige-t-il ? Quel est son sort désormais ? Expliquez son désespoir.

Langue

8. Relevez les termes évoquant la beauté du jardin dans la description du premier paragraphe : que cherche à nous faire comprendre le conteur ?
9. « Le bel oiseau n'est plus au nid et il ne chante plus : le chat l'a emporté » (p. 72, l. 151-152) : quelle figure de style le conteur emploie-t-il ici ? Qui est désigné à travers ces images ? Justifiez ces choix d'expression par l'effet créé sur l'imagination du lecteur.

10. Relevez les termes évoquant la sorcière. Sur quel aspect de son caractère insistent-ils particulièrement ?
11. Que suggère la répétition de l'adjectif « longues » dans la dernière phrase du conte ?

Genre ou thèmes

12. Quels sont les éléments du merveilleux dans le conte ? Examinez les personnages et les événements.
13. Sur quelle opposition est racontée la fin de l'histoire ? Quelles émotions ce contraste fait-il naître dans le cœur du lecteur ?

Écriture

14. Quand la sorcière exige du père d'emporter l'enfant à naître, « le mari, dans sa terreur, accepta tout sans discuter » : imaginez un dialogue au cours duquel le père tente de négocier avec la sorcière pour obtenir les raiponces sans contrepartie.
15. Trouvez-vous ce conte triste ou heureux ? Vous donnerez des arguments pour justifier votre avis en vous appuyant sur les personnages et leur destin.

Pour aller plus loin

16. Citez au moins un autre conte de fées dans lequel un prince ou un roi tombe amoureux d'une jeune fille en détresse.

Thèmes et prolongements

✣ Qu'est-ce qu'un conte populaire ?

Une trace de la société rurale

Comme les mythes, les contes sont des histoires qu'on retrouve partout dans le monde, et que les hommes se transmettent de bouche à oreille. Dans les sociétés traditionnelles, qui subsistent de nos jours dans quelques régions du monde comme le Moyen-Orient, l'Asie, mais surtout l'Afrique, perdure la tradition de se réunir à des occasions particulières, comme les fêtes religieuses ou certaines activités collectives, et de se distraire en racontant des histoires.

En Europe, la société industrialisée a depuis longtemps remplacé la société rurale traditionnelle. Mais, au XVIIe siècle, la France était encore un pays rural. À la veillée, le soir après une journée de travail dans les champs, la communauté villageoise se retrouvait généralement autour du feu pour écouter des histoires.

Dans ces assemblées, le conteur n'était pas forcément un professionnel, mais simplement un habitant du village ou d'un village voisin. Le plus souvent c'était une personne âgée, un sage plein d'expérience, qui racontait des histoires du passé. Ce personnage respecté tenait son savoir d'une longue pratique. Certains des contes racontés au cours d'une veillée étaient parfois déjà connus par les auditeurs, et dans ce cas, chacun pouvait prendre la parole pour ajouter un détail, raconter sa version, corriger une erreur ou simplement manifester sa présence, son intérêt. Ainsi, les contes se transmettaient-ils collectivement, de génération en génération, ou de village en village.

Entre apprentissage et distraction

Les contes pouvaient s'adresser plus particulièrement aux enfants et leur être racontés le soir pour les endormir. Ils pouvaient servir aussi à leur apprendre à mieux prononcer les mots, à exercer leur mémoire, à enrichir leur vocabulaire, etc.

Mais ils étaient aussi destinés aux adultes, leur apportant une distraction pendant la journée de travail, ou leur fournissant l'occasion de se réunir et de partager un moment de détente. Ainsi, certaines activités traditionnelles collectives et silencieuses, comme le filage de la laine, le tressage des paniers, étaient l'occasion de se dire des contes pour se distraire.

✣ Un genre à succès

Le XVIIe siècle et la mode des contes

Les *Contes de ma mère l'Oye* de Perrault ne sont pas seulement l'œuvre d'un érudit ou l'argument à l'appui d'un débat théorique sur la littérature. Perrault n'est d'ailleurs pas le seul auteur à publier des contes à la fin du XVIIe siècle. Mademoiselle L'Héritier, sa propre nièce, ou madame d'Aulnoy, avec ses *Contes de fées* (1697), en écrivent aussi à la même époque. Ces textes rencontrent un énorme succès auprès du public. Une dizaine d'années plus tard, Antoine Galland, un éminent savant spécialiste de l'Orient, publie la traduction de contes arabes, *Les Mille et Une Nuits*, qui seront également très prisés des lecteurs.
Cette mode du conte de fées s'explique notamment par le besoin d'évasion qui se faisait sentir dans les dernières années du règne de Louis XIV, marquées par la morosité, l'austérité morale et religieuse imposée par Mme de Maintenon.
Les *Contes* de Perrault ne sont pas exclusivement destinés aux enfants. C'est avant tout aux adultes, à la société cultivée qu'ils s'adressent, pour faire découvrir une littérature populaire, mais sous une forme qui peut plaire. Car s'ils reproduisent assez fidèlement leurs modèles populaires, ils sont le résultat d'une transformation.

Le XIXe siècle et la redécouverte de la littérature populaire

C'est d'Allemagne, avec le romantisme, que la connaissance des contes populaires va connaître un nouvel essor. Les frères Grimm,

spécialistes de littérature médiévale allemande, entreprennent, à partir de 1806, un travail de collecte de contes populaires. Le premier recueil est publié en 1812, sous le titre *Contes d'enfants et du foyer*. Six autres recueils seront publiés jusqu'en 1857.
À l'inverse de Perrault, qui mettait en avant la valeur éducative des contes, les frères Grimm se proposent d'être les scribes de la tradition populaire. Il s'agit pour eux de sauver, en les transcrivant de la manière la plus fidèle possible, ces témoignages de la culture populaire allemande que sont les contes. Pour cela, ils font appel à des conteuses qu'ils présentent comme étant issues de milieux populaires, en particulier Dorothea Viehmann, paysanne de la région du Zwehrn : « Elle raconte d'une façon réfléchie, sûre et extrêmement vivante, en prenant elle-même plaisir à l'histoire, d'abord d'une façon courante, puis, si on le désire, en répétant lentement, si bien qu'avec quelque entraînement on peut écrire sous sa dictée. Plus d'un passage a été de cette façon textuellement conservé et on ne pourra pas ne pas en remarquer le ton de vérité. »
Cette transcription qui se voulait aussi impersonnelle, aussi fidèle que possible à la tradition orale, tranche avec le caractère travaillé, parfois presque précieux, des *Contes* de Perrault. Une telle méthode ouvre la voie à ce que seront les travaux des folkloristes sur les contes de fées, au XIXe et au XXe siècle (voir la bibliographie, pp. 94-95).

✣ Les contes de fées et le récit

Une logique surnaturelle

Dans les contes, le merveilleux ne réside pas seulement dans les objets magiques, les personnages et les événements surnaturels, mais aussi dans le récit et dans l'enchaînement des événements. Certains contes ne comportent pratiquement pas d'événements surnaturels. Les péripéties s'y enchaînent de façon déterminée. Par exemple, la Belle au bois dormant est condamnée à mourir à l'âge de seize ans, mais, comme par magie, une jeune fée qui s'est cachée derrière la tapisserie peut réparer le méfait de la vieille fée et transformer la mort en sommeil de cent ans. Comme par hasard encore, un prince charmant passe par là au bout de cent ans et sort la jeune fille de son sommeil par un baiser. Puis, malgré la haine de la mère du prince, qui veut tuer ses deux petits-enfants et sa belle-fille, la Belle au bois dormant et ses enfants sont sauvés par un chasseur. Découverts par l'ogresse, ils risquent une nouvelle fois la mort, mais, par chance, le prince rentre juste à temps pour les sauver une nouvelle fois.

On peut en dire autant de tous les contes. Chaque fois, la magie du conte merveilleux opère et le héros est sauvé. C'est grâce à cette certitude qu'on accepte, le temps du conte, toutes les invraisemblances qu'il contient. Pour le plaisir de savoir que, malgré les dangers, tout finira par s'arranger. Bref, le récit, dans le conte, est commandé par une logique où rien n'est laissé au hasard : une logique surnaturelle.

✣ Le schéma narratif des contes

Une structure récurrente

On remarque assez facilement une certaine ressemblance dans la structure des contes merveilleux. Ils obéissent toujours au même schéma. Le hasard n'y existe pas, tout y est soumis à un déroulement fixe. De nombreux auteurs qui ont étudié les contes de fées ont fait des observations qui vont dans ce sens. Contrairement au roman, donc, le conte ne cherche pas à restituer l'épaisseur et la complexité du réel, il est une sorte de mécanique. Ça commence toujours mal, et l'on sait que ça finira toujours bien.

Allons un peu plus loin : on se rend compte que ça commence toujours mal à cause de méchants qui commettent un méfait ou d'une injustice, que le héros est le plus souvent obligé de partir – il est bien rare que le conte ne relate pas un déplacement –, qu'il va rencontrer des gens qui vont l'aider, qu'il va subir des épreuves dangereuses mais qu'il va les surmonter et être récompensé, que l'injustice du début sera réparée, et que le tout se conclura par un mariage. Certains chercheurs ont découvert une structure commune à tous les contes merveilleux. Cette structure est composée d'éléments qu'on appellera « étapes ».

Les différentes étapes

La première étape d'un conte est la « situation initiale ». Elle présente le lieu, le temps et les personnages. Le plus souvent, le lieu et le temps sont relativement indéterminés. L'époque où se déroule le conte se situe dans un passé imaginaire, représenté par la célèbre formule « Il était une fois… ». Souvent le lieu n'est pas indiqué : il peut s'agir d'un village, d'une maison à la campagne, mais, la plupart du temps, le conte ne donne aucune indication de lieu. Le conte se situe alors, de façon implicite, dans le royaume des personnages, qui sont souvent des rois ou des reines, dans une ville indéterminée, près d'une forêt. La situation initiale présente aussi les personnages principaux et l'état dans lequel ils se trouvent au début du conte. Prenons le cas de Cendrillon. La situation initiale est celle d'une jeune fille qui vit avec sa belle-mère et les deux filles de celle-ci, et qui est reléguée par elles aux tâches ménagères.

La seconde étape est ce qu'on appelle l'« élément perturbateur ». C'est l'événement qui rompt l'équilibre de la situation initiale et fait démarrer l'action du conte. Dans « Cendrillon », l'élément perturbateur est l'annonce du bal, qui va inciter Cendrillon à vouloir s'y rendre, et entraîner l'apparition de sa marraine qui viendra l'aider.

Les étapes suivantes, qu'on appelle « séquences », sont chacune des actions accomplies par le héros ou l'héroïne pour atteindre son objectif. Ces séquences peuvent être favorables au héros : on parlera alors d'« amélioration » de la situation. C'est le cas de la séquence où la Fée intervient pour aider Cendrillon et lui donne les moyens d'aller au bal. Au contraire, lorsque la situation empire pour le héros, on parlera de « dégradation ».

Illustration de Gustave Doré
pour « La Belle au bois dormant » (1862)

La dernière étape du conte est appelée « situation finale ». Le héros a atteint un nouvel état, meilleur en général que l'état initial. Ainsi, les contes suivent toujours le même schéma narratif d'ensemble. Une situation initiale, alors modifiée par un élément perturbateur, fait tomber le héros dans une série d'épreuves qui le mènent à un état final où sa situation s'est transformée.

Le merveilleux

Un genre défini

Il existe de très nombreuses catégories de contes : les contes pour rire, les anecdotes, les contes réalistes, les contes merveilleux et bien d'autres encore. Les *Contes* de Perrault, par exemple, font globalement partie des contes merveilleux. On définira le merveilleux par opposition à deux autres catégories de la fiction qui sont le fantastique et l'étrange.

Selon le critique Tzvetan Todorov, « le fantastique ne dure que le temps d'une hésitation : hésitation commune au lecteur et au personnage, qui doivent décider si ce qu'ils perçoivent relève ou non de la "réalité" telle qu'elle existe pour l'opinion commune ». À la fin d'un récit fantastique, le lecteur décide si ce qu'il a lu relève des lois de la réalité, qui permettent de l'expliquer de façon rationnelle, ou de la fiction. Dans le premier cas, il retombe dans le domaine de l'étrange, dans le second cas, dans celui du merveilleux. Le merveilleux existe dans un conte dès que s'y produisent des événements qui ne peuvent pas s'expliquer selon les lois du monde réel, et dès que les lois surnaturelles qui régissent l'univers décrit sont acceptées par les personnages.

Une convention entre le conteur et l'auditeur

Les contes de fées sont une catégorie particulière du merveilleux. Un sommeil long de cent ans et une citrouille qui se transforme en carrosse sont des éléments qui permettent de ranger ces contes dans la catégorie du merveilleux. À aucun moment nous ne nous en étonnons ; jamais nous ne trouvons cela étrange ou impossible. Le contrat entre l'auditeur et le conteur, ou entre le lecteur et le rédacteur du conte, est un contrat de pure convention, ce qui, encore une fois, semble mettre l'accent sur la relation du conteur à l'auditeur, plus que sur le processus de représentation.

En un sens, écouter un conte merveilleux, c'est s'abandonner à la fantaisie imaginative de la personne qui parle, qui offre le conte ; c'est lui dire : « Parle-moi, raconte-moi une histoire, pourvu que tu me parles je serai content, pourvu que nous jouions, toi à inventer, et moi à croire. » Le merveilleux est donc une convention où les règles de la vraisemblance la plus élémentaire sont suspendues. Dans le monde des contes merveilleux, les règles de la vie quotidienne, du sens commun, n'ont plus cours. C'est, pour ainsi dire, un monde à part.

Le conte possède donc un caractère de fiction avouée. Entrer dans l'univers du conte, c'est sortir du monde de tous les jours pour entrer dans un univers à part, et le conteur est un intercesseur entre le monde réel et l'univers imaginaire qu'il vient de créer. Le « Il était une fois... » initial du conte fonctionne comme une formule magique, qui transporte l'auditeur ou le lecteur dans un autre temps et un autre lieu.

Glossaire

Action : ensemble des événements et des aventures dans un récit.

Adjuvant : personnage qui vient aider le héros à atteindre le but qu'il s'est fixé.

Antithèse : procédé d'expression qui consiste à opposer, dans la même phrase, deux mots ou groupes de mots de sens contraire pour créer un effet de contraste.

Burlesque : d'un comique extravagant ; saugrenu, grotesque.

Champ lexical : ensemble des termes qui traitent d'un thème particulier.

Comparaison : rapport de ressemblance établi entre deux termes grâce à un mot introducteur (« comme », « ainsi que »…).

Conte merveilleux : récit bref de faits imaginaires ou présentés comme tels, qui crée un univers dans lequel les personnages évoluent sans s'étonner de rien.

Conteur : dans le conte, celui qui raconte l'histoire.

Dénouement : manière dont se termine l'action.

Description : énoncé qui nomme, précise les caractères et les qualités d'une personne (portrait), d'un objet ou d'un lieu ; qui crée un décor ou une atmosphère.

Dialogue : ensemble de répliques échangées entre deux ou plusieurs personnages.

Discours direct : les paroles sont rapportées intégralement, sans subir de modification.

Discours indirect : les paroles rapportées sont insérées dans une proposition subordonnée complétive.

Discours rapporté : paroles insérées dans un récit.

Ellipse temporelle : procédé d'écriture qui consiste à passer sous silence une période de l'action.

Énoncé : production d'écrit ou d'oral sous la forme d'un mot, d'une phrase ou d'un texte.

Épreuve : obstacle à franchir, difficulté à surmonter pour éprouver le courage d'un personnage.

Fiction : création imaginaire. S'oppose à la réalité.

Folklore : ensemble des croyances, rites, contes,

légendes, fêtes, cultes, etc., d'un pays.

Héros : personnage qui se distingue par sa bravoure ou son intelligence. Il mène l'action.

Intérêt dramatique : curiosité que peut éveiller l'action chez le lecteur.

Intrigue : enchaînement des événements dans un récit.

Légende : récit à caractère merveilleux, où les faits historiques sont transformés par l'imagination populaire ou l'invention poétique.

Merveilleux : dans un récit, intervention de moyens et d'êtres surnaturels, de la magie, de la féerie.

Métaphore : emploi d'un mot concret pour exprimer une notion abstraite.

Moralité : enseignement moral que l'on tire d'une œuvre : *la moralité d'un conte.*

Mythe : récit mettant en scène des êtres surnaturels, des actions imaginaires, des idéaux collectifs.

Narrateur : dans le récit, celui qui raconte une histoire.

Objet : but poursuivi par le héros.

Opposant : personnage ou force faisant obstacle à l'accomplissement du héros.

Péripétie : événement imprévu, incident qui intervient dans le déroulement d'une action, marquant un changement.

Personnification : procédé qui consiste à faire d'un animal ou d'un objet un personnage réel.

Réalisme : représentation exacte, tels qu'ils sont, de la nature, des hommes, de la société.

Rebondissement : développement nouveau et imprévu dans l'action.

Récit : 1. acte de raconter ; 2. produit de la narration, c'est-à-dire énoncé qui rapporte une histoire en utilisant différentes formes de discours.

Sujet : héros de l'action.

Surnaturel : extraordinaire et inhabituel ; venu d'un autre monde. Les êtres surnaturels sont les esprits, les génies, les anges, les fées.

Bibliographie et filmographie

Études sur les contes

Barchilon (Jacques), ***Le Conte merveilleux français de 1690 à 1790***, Paris, Champion, 1975.

Bettelheim (Bruno), ***Psychanalyse des contes de fées***, Paris, Robert Laffont, 1976, et Hachette, Livre de Poche, collection « Pluriel ».

▶ Étude du conte de fées comme symbole de la vie psychique de l'enfant. Réservé aux lecteurs adultes.

Faivre (Antoine), ***Les Contes de Grimm, mythe et initiation***, Circé, 1978.

▶ Excellente étude qui replace l'œuvre dans le contexte du romantisme et décrit très précisément les contes ; elle présente les lectures psychanalytique et structuraliste, et fait le lien entre conte et mythe. Réservé aux lecteurs adultes.

Franz (M.-L. von), ***L'Interprétation des contes de fées***, Paris, éditions Jacqueline Renard, 1990 (1re édition 1970).

Mathieu (François), ***Jacob et Wilhelm Grimm, Il était une fois...***, éd. du Jasmin, 2003.

▶ Biographie riche et facile d'accès, qui permet de suivre et de comprendre l'itinéraire personnel et intellectuel des deux frères, ainsi que l'évolution du recueil des *Contes*.

Péju (Pierre), ***La Petite Fille dans la forêt des contes***, Paris, Robert Laffont, collection « Réponses », 1981.

Péju (Pierre), ***L'Archipel des contes***, Paris, Aubier, 1989.

Propp (Vladimir), ***Morphologie du conte***, Paris, Le Seuil, collection « Points », 1970.

▶ Étude structuraliste faisant apparaître des constantes dans la structure et les composants des contes. Réservé aux lecteurs adultes.

Robert (Raymonde), ***Le Conte de fées littéraire en France de la fin du XVIIe à la fin du XVIIIe siècle***, Presses universitaires de Nancy, 1982.

Simonsen (Michèle), ***Le Conte populaire français***, Paris, PUF, collection « Que sais-je ? », 1981.

Simonsen (Michèle), ***Perrault, Contes***, Paris, PUF, collection « Études littéraires », 1992.

Soriano (Marc), ***Les Contes de Perrault, culture savante et traditions populaires***, Paris, Gallimard, collection « Tel », 1968.

Filmographie

Blanche-Neige et les sept nains, dessin animé de David Hand, Walt Disney Productions, 1937.

> ◗ Film d'animation qui fait référence parmi les nombreuses adaptations cinématographiques des *Contes* de Grimm, même si le réalisateur prend quelques libertés avec le texte en exagérant notamment le rôle des nains.

Cendrillon, dessin animé de Clyde Geronimi et Wilfred Jackson, Walt Disney Productions, 1950.

La Belle au bois dormant, dessin animé de Clyde Geronimi, Walt Disney Productions, 1959.

> ◗ Film d'animation devenu un classique de l'adaptation cinématographique des contes de fées.

Les Frères Grimm, film de Terry Gilliam, 2005. Avec Matt Damon, Heath Ledger, Monica Bellucci.

> ◗ Malgré les faiblesses de l'intrigue, le film séduit par son univers fantasmagorique, ses effets spéciaux et ses décors.

Raiponce, film d'animation de Nathan Greno et Byron Howard, Walt Disney Animation Productions, 2010.

Cendrillon, film de Kenneth Branagh, Walt Disney Pictures, 2015.

Crédits photographiques

Couverture	**Dessin Alain Boyer**
7	Ph. © Archives Larbor
11	Ph. Coll. Archives Larbor
22	Ph. Coll. Archives Larbor
24	Ph. Jeanbor © Archives Larbor
38	Ph. O. Ploton © Archives Larousse
40	Ph. Michel Didier © Archives Larbor
52	Prod. Walt Disney Pictures. Ph. Coll. Archives Larbor – DR
66	Ph. O. Ploton © Archives Larousse
74	Ph. © Archives Larbor
79	Ph. Coll. Archives Larbor
89	Ph. O. Ploton © Archives Larousse

Impression : La Tipografica Varese Srl (Italie)
Dépôt légal : février 2015 – 315766/01
N° de projet : 11029621 – février 2015